사계절 자연물로 놀이하는

숲속 미술놀이

박유순

김나현

오유미

JUNGMINSA
정민사

PREFACE

머리말

모양으로,

색깔로,

냄새로 말을 하는 숲 친구들의 이야기를 들으며

놀이로 이야기했지요.

봄에는 잎과 꽃을 틔우고 열매를 맺고,

여름에는 제 모습 제 크기로 키우고,

가을에는 맛있고 향기롭게 익어가는 숲 친구들과 놀면서

사계절의 때를 알아가고 그 계절에 만날 수 있는

숲 친구들과 놀며 숲 친구들에게서 지혜를 배웠지요.

'숲속 미술놀이'는 숲이나 공원에서 산책하고 놀면서 주변의 자연물로 꾸미고 만드는 놀이로 구성되어 있고, 숲이나 집주변에서 놀면서, 계절의 때를 알고 최소한의 준비물로 장소에 맞는 놀이를 할 수 있도록 소개합니다.

숲의 바닥, 나무, 나뭇잎, 바위, 돌멩이, 내 손이나 얼굴도 그림을 그릴 수 있는 스케치북이 되듯이 숲은 무엇으로 든지 변할 수 있는 마법 같은 장소입니다. 매번 새로운 것을 만들어 내기는 어렵지만 매일 매일 숲이 주는 새로움을 선물 받으며 신나게 놀고 다양한 놀이를 만들며 신나게 노는 곳이 숲이지요.

이 책을 통해서 계절의 때에 맞게 그림을 그리고, 만들며, 놀면서 숲속 친구들과 친해지기를 바랍니다.

숲속 미술놀이가 나오기까지 (사)산생태교육연구소의 사계절 숲놀이는 소중한 시간이었습니다, 이사님들과 세 번의 사계절을 함께 해주신 선생님들, 절기로 저의 때를 깨우쳐주신 유종반 이랑 대표님, 저서의 꿈을 갖게 해주신 홍성숙 원장님, 김영신 원장님, 사진을 허락한 어린이들, 많은 숲 선생님들, 기도로 응원해주신 분들, 무한한 영감을 준 자연과 출판사 관계자 여러분들께 감사를 드립니다.

저 자 일동

CONTENTS

이론

이야기 순서

봄 이야기

여름 이야기

6월 이야기 92

7월 이야기 106

8월 이야기 120

가을 이야기

겨울 이야기

이론편

chapter 1 자연 놀이

chapter 2 자연 미술놀이

chapter 3 절기와 자연 미술놀이

"아이들에게 자신을 그려보라고 하면,
대부분의 아이들은 자신의 몸을 그리느라 종이 한 장을 가득 채우지만,
나바호 인디언 아이들은 아주 다르게 그립니다.
자기의 몸은 훨씬 작게 그리고 그 옆에 산, 계곡, 물이 말라 버린 황량한 개울 등을 그려 넣습니다.
나바호 인디언들은 팔다리가 몸의 일부분인 것처럼
주변 환경이 한 부분이라고 생각하기 때문입니다.
또한, 아이들은 놀이를 통해 여러 경험을 하면서 자연을 배울 뿐만 아니라
생명체에 훨씬 더 깊은 일체감과 고마움을 깨닫게 됩니다."

(조셉B. 코넬, 2002)

Chapter

1

자연 놀이

1. 사계절 놀아요

자연은 모든 감각이 깨어나는 곳이다. 자연에서 깨어난 감각은 아이들의 모든 발달을 촉진시킬 수 있으며, 직관력을 키워주고 무한한 상상력을 키워준다. 이러한 직관력과 상상력이 생겨날 수 있는 이유는 사계절의 흐름에 따라 매일 매일 다른 변화를 가져오는 자연의 살아있음에 근거한다. 아이들은 감각을 통해 살아간다. 직접적인 감각을 활용한 경험을 통해 바깥 세계와 내적인 정서 세계가 서로 이어진다. 오감으로 느끼고 마음까지 열어서 만나는 자연은 감각적 자극의 주된 원천이며, 자연을 직접 체험할 때 자연을 만나기, 자연에서 더불어 놀기, 자연물로 함께 표현하기, 자연물을 탐구하며 과학적 태도 기르기로 전환된다. 사계절의 바람이 다른 느낌이라는 건 사계절 그 나무 밑에서 바람을 느끼며 쉬면서 오감과 마음으로 만났을 때 나뭇잎의 흔들림과 소리, 피부에 닿는 촉감으로 알 수 있다. 이런 감성적인 체험을 통해 아이 스스로 감동하며 바라본 자연은 더욱 의미 있게 저장되고, 궁극적으로 심미감을 발달시키며 마음과 생각의 표현을 풍요롭게 한다. 이렇게 자연에서 자유로운 시간을 보내며 감각을 이용해 주변을 탐색하면서 마음껏 놀 수 있어야 건강하게 자랄 수 있다. 이런 자발적이고 능동적인 놀이를 자유로운 놀이라고 부른다. 아이들은 환경과 상호작용을 하며 자신의 잠재력을 키우고, 새로운 지식과 놀이로 재구성하면서 자신을 실험해 본다. 열려 있는 공간인 자연에서는 창의적인 활동을 할 수 있는 가능성이 무한하다.

아이들은 근본적으로 감각적 자극과 운동적 조작을 통해 세상을 배우고, 교육 목적인 전인적 발달을 완성해 간다. 아이들의 감각을 자극하고 운동적 조작을 가장 적절히 발달시킬 수 있는 곳은 바로 자연환경이다. 자연환경은 아이들에게 가장 좋은 교육적 경험을 제공해 주며, 자연의 속성이 그대로 있는 숲이라는 공간은 아이들이 생활하고 놀이하는 과정을 통해 전인발달을 도모하는 곳이라고 말할 수 있다. 자연은 심리적, 인지적 발달에 도움을 준다. 아이들은 직접적인 체험과 감각을 통하여 주위를 배우게 되는데, 자연은 아이들에게 그들의 모든 감각을 통하여 자연환경을 올바르게 감지할 수 있는 가능성과 능력을 부여한다. 아이들은 자연에서 인위적인 놀잇감이 아닌 자연물과 상호작용을 하면서 이야기하고, 자연 속에서 매일 새로운 사물을 탐구하고 발견하는 경험을 하게 된다. 자연에서 다양한 자연물과 생물체를 탐색하며 자신이 좋아하는 놀이에 집중하는 가운데 자유로움을 얻게 되는 것이다. 아이들은 호기심을 가지고 탐색하며 세상을 알아 가는데, 자연에서는 사계절과 날씨 그리고 자연의 변화를 직접적으로 생생하게 체험하고 관찰할 수 있기 때문에 의도하지 않아도 직관력과 상상력을 풍부하게 부여하며, 조형 능력을 일깨우고 촉진시킨다. 자연은 아이들로 하여금 사회성이 발달되도록 이끌어주는데, 자연에서 놀면서 자신만의 의미를 부여한 놀잇감을 통해 주위 친구들과 공유하고 새로운 놀잇감을 만들어 내면서 놀이를 함께 하기 때문에 자연스럽게 인간관계를 배우게 된다. 인간은 자연과 더불어 살아왔고 자연을 떠나 살 수 없다. 자연에서 얻어진 경험을 통해 자연을 인식하고, 자연친화적인 가치관이 형성되는데, 이러한 자연친화적인 가치관은 성인의 가치관에도 영향을 미친다고 볼 수 있다. 유아기에 획득한 자연에 대한 태도와 지식은 이후의 사고에도 많은 영향을 미치기 때문에 자연을 인간과 함께 살아가는 생명체로 인식하고, 그 가치에 대한 이해를 통해 자연을 대하는 긍정적 태도와 폭넓은 개념을 갖게 한다.

2. 공간 탐색으로 놀아요

아동의 놀 권리 국제연합 회장 로빈 무어는 공원이 '놀이의 상업화'를 추구하고, 세계적으로 자유롭게 놀 수 있는 공간보다 스포츠센터에 공공기금을 투자하고 있는 경향이 나타나고 했다(Louv, Richard, 2017). 영리 추구를 위한 실내놀이 공간(예-키즈 카페)이 발전하고 있고, 이러한 실내놀이 공간 및 스포츠센터의 시설 안에서는 총체적인 신체활동(통감각을 활용한 자유로운 신체 움직임)은 거의 이루어지지 않는다.

공터는 우리 생활 주거 공간 속에서 점점 사라지고 있다. 공터는 우리에게, 특히 아이들에게 어떤 의미가 있을까? 아무것도 만들어지지 않은 공터는 바람길을 만들고 주변 자연환경을 완충시켜 주는 공간이 된다. 이러한 공간에서는 바람 타고 날아든 씨앗들이 만들어준 자연스러운 꽃밭과 정원이 되는 것이다. 보는 이에 따라서 그런 경관이 낯설고 무질서하게 보일 수도 있지만 그런 자연스러운 공터에 만들어진 자연을 보고 아름답다고 느끼며, 작은 풀씨들의 놀라운 생명력에 감동하는 사람들도 있을 것이다. 공간이 조성되어 우리가 계획한 대로 풀 포기 하나 자라지 않게 다 제거하고 관리된 공원의 꽃밭을 지나치면서 아름답다고 느낄 수는 있지만, 감동을 주는 공간, 창의력이 샘솟는 공간이 되지는 않을 수도 있다. 공터의 자연스러운 공간에 흙더미라도 쌓을 수 있는 공간이 허락된다면 아이들은 흙을 쌓아서 미끄럼틀도 만들고 그 공간을 작은 동산처럼 만들어 멋진 놀이터를 구성하기도 할 것이다. 이러한 자연스러운 공간이 사라지면서 우리의 주변은 더욱 계획된 공간으로 채워지고 있고, 그 의도된 공간에서는 생각이 제한될 수 있을 것이다.

이러한 공간이 사라지는 환경적인 문제도 있지만, 요즘 우리의 아이들은 자연이라는 자연스러운 공간에서 의미 있는 경험을 할 수 있는 기회가 부족한 것도 문제이다. 자연 공간을 경험하지 않고 지내면, 자연에 대한 막연한 두려움이 생기거나, 자연을 소비의 대상으로 여기며, 여가활동의 공간으로만 여기는 경우도 있다.

자연의 넓은 공간에서 다양한 움직임을 통해 아이들은 매일 새로운 것을 발견하게 되고, 평지가 아닌 고르지 못한 길을 걷기도 하고, 경사진 언덕을 오르내리거나 쓰러져 있는 나무 위를 걸으면서 균형 잡는 법을 알아가기도 한다. 이러한 자연에서의 움직임과 다양한 동작을 통해 고른 신체적 발달을 이룰 수 있다. 숲은 다양한 지형과 사계절의 흐름으로 만들어주는 자연 놀이 선물세트이다(신희이, 오유미, 신윤희, 2018). 요즘 조성되고 있는 공원화된 마을 산은 포장된 길도 있지만, 흙길을 살려서 조성한 둘레 길도 있고 원래 가지고 있던 경관도 그대로 있는 공원과 산이 함께 공존하는 공간이다. 이러한 다양한 공간에서 아이들은 공간의 특성을 살리는 놀이를 잘 만들어 낸다. 바람이 잘 부는 정상의 넓은 잔디밭에서는 낙엽을 한 아름 안고 바람의 방향을 느끼며 낙엽을 날리는 놀이도 하고, 낙엽이 수북이 쌓여 사라진 오솔길은 낙엽을 헤치고 길을 만든다. 잔디가 깔린 비탈길에서는 마치, 도토리가 된 듯 온몸으로 굴러 내려오기도 하고, 주변에 놓인 다양한 두께와 길이의 나무를 보면 바로 올라타면서 모험을 즐긴다. 이런 과정을 통해 애정이 생긴 자연물이나 자연 공간에는 이름을 지어주기도 한다. 낙엽이 수북이 쌓인 곳에서 함께 힘을 모아 한곳에 모아두고 뛰틀 놀이를 즐기거나, 침대로 사

▲ 공간을 탐색하며, 눈으로 놀고, 활을 쏘며 노는 아이들

용하며 하늘을 보고 누워 편안함을 느낀다. 이렇게 아이들은 능동적으로 공간의 특성을 활용하고 응용하는 놀이를 즐기면서 상상력을 발휘하게 되고, 새롭게 재구성한 여러 공간이 탄생 되어 그 공간만의 이야기를 만들어낸다. 같은 자연 공간을 규칙적으로 탐색하는 것은 중요한 일이다. 같은 공간을 자주 가다 보면 스스로 공간을 탐색하고, 세심한 관찰을 통해 공간에서 일어난 변화를 발견할 수 있는 기회를 마련하기 때문이다.

3. 자연물로 놀아요

1) 발견하며 놀아요

자연에서 발견하는 나만의 자연물 보물찾기 놀이는 반복해도 그때마다 다른 보물들이 발견되고 사계절의 흐름에 따른 보물들이 발견되어 기쁨을 준다. 자연물이 보물이 되려면, 아이들은 자신만의 의미를 부여하고 그 안에 보물에 대한 가치를 담아야 한다. 새로운 이미지로 구성되고 의미가 부여된 자연물은 그때부터 소중한 보물로 변신한다. 이렇게 변신한 보물들에 대해 친구들과 교사가 함께 공유해주고 인정해주는 과정이 쌓이게 되면, 서로 발견한 경험이 다를 수 있음을 인정하며 존중하는 태도를 지니게 된다. 또한, 자연물 보물찾기는 새로운 놀이를 구성해주는 매개물이 된다. 이때, 교사는 아이들이 자유롭게 자연물을 탐색하고 발견할 수 있도록 기다려주어야 한다. 아이들이 발견한 자연물에 대해 아이 스스로 의미를 부여하고 놀잇감을 구성할 기회를 주고, 교사는 그 발견된 놀잇감에 아이와 함께 확장된 놀이로 만들 수 있도록 도와줄 수 있다. 교사가 미리 정한 주제에 대해 지식전달형태로 전하는 것이 아니라 아이들의 발견에 따른 흥미를 존중하며 그 관심사를 주제로 삼아 서로 알아가고 공감하는 과정을 통해 놀이는 의미 있게 된다.

아이들이 같은 장소를 여러 번 반복하여 방문하게 되면, 자연 변화를 발견하면서 자세히 들여다보게 되고 관심과 궁금증이 생긴다. 궁금한 것을 알기 위해 멈춤이 시작되는데, 멈추었을 때 아이는 흥미로운 것이 보인다. 작은 것 하나하나에 집중하고 자세히 들여다보기를 하는 과정에서 끊임없는 궁금증과 알고자 하는 욕구가 솟아나고 그런 반복되는 과정을 통해 배움에 대한 열정으로 이어진다. 멈추어 서서 만나기, 관찰하기는 탐구의 과정이며 호기심을 가지고 지속적 관찰을 통해 사물에 대한 변화 예측하기, 추론하기 등 과학적 사고능력이 발달된다.

▲ 나뭇가지로 만든 빼빼로~ 아이들이 발견하는 놀이는 자연물 그 안에 있다.

2) 함께 놀아요

아이가 숲에서 자연물을 찾아 관찰할 때, 혼자 찾은 자연물을 혼자만 보면 몇 개 못 보지만 아이들 모두가 함께 찾은 자연물을 공유하면 동시에 여러 가지 자연물을 다양한 시각으로 만나 볼 수 있어서 더불어 배우는 교육이 된다. 자연에서의 소꿉놀이, 나무타기, 술래잡기 등의 놀이는 혼자서 하는 것이 아니라 함께 찾아내는 놀이라서 더욱 풍성해진다. 소꿉놀이에서 친구들과 발견한 자연물로 다양한 요리를 만들고 서로 발견한 자연물 놀잇감은 서로 다른 요리의 재료가 되기도 하고 그릇이 되기도 한다. 그렇게 놀이를 유지하고 놀 수 있는 이유는 자연물은 주변에 넉넉히 있어서, 친구들과 나눌 수 있기 때문이다. 그렇게 놀면서 여유로운 마음과 배려하는 마음이 생겨서 친구와의 놀이에 기쁨을 찾고 놀이에 몰입하게 되면서, 자연스럽게 다툼이 줄어들고 친구의 소중함을 자연스럽게 배우게 된다.

▲ 낙엽 제기차기, 소꿉놀이 – 함께 놀아야 재미있는 자연 놀이

"영적으로 깨어있다는 것은 쉼 없이 감동을 받는 상태입니다.

세상 모든 것이 멋지고 환상적입니다.

삶을 대수롭지 않게 여기지 말라는 것이죠.

결국 영적으로 깨어있는 건 감동을 받는다는 겁니다"

Louv, Richard 〈자연에서 멀어진 아이들 중에서〉

Chapter

2

자연 미술놀이

1. 자연 미술로 놀아요

아이들은 자연에서 발견한 관심 있는 자연물에 나만의 이미지를 만든다. 구체적인 의미부여가 된 자연물은 친구처럼 느끼게 되며, 존중될 수 있는 존재가 되는 것이다. 자연에서의 미술놀이는 자연을 미술을 위한 도구로 보는 것이 아니라 나와 자연과의 관계를 생각하고, 서로 관계 맺는 생명에 대한 인식을 통해 자연의 소중함과 고마움을 자연스럽게 배우게 되는 생태학적 관점을 갖게 한다. 자연에서의 미술놀이는 미술적 요소에 편중되는 것이 아니라, 자연에서 미술이라는 매개로 놀이하면서 자연스럽게 나와 자연과의 관계성까지 발견되며, 존중하는 태도를 통해 인간도 자연과 더불어 살아가야 하는 존재라는 '공존'의 의미를 찾는 것이 궁극적인 목적이라고 볼 수 있다.

자연 미술놀이의 특징을 살펴보면 다음과 같다.

1) 자연 미술놀이는 '놀이'의 과정이다

자연에서 하는 미술놀이는 단순한 작품을 완성하는 결과를 중시하기보다는, 계절의 변화에 따라 자연스럽게 드러나는 놀이 속에 이루어지는 표현이라고 볼 수 있다. 벚꽃이 흩날리는 때가 오면 떨어진 벚꽃잎은 내 손등과 얼굴에 벚꽃잎으로 꾸미면서 놀게 된다. 이때, 벚꽃잎과 내 몸은 하나의 미술 도구가 되고 완성품보다는 그 공간과 시간을 공유하며 놀이하는 과정이라고 볼 수 있다.

2) 미술적 요소는 오감을 통해 발견된다

자연물은 다양한 미술적 요소를 지니고 있다. 나뭇잎이 부딪치며 만들어준 바람 소리, 단풍 든 나뭇잎 한 장에 드러난 다채로운 색깔, 낙엽의 바스락거리는 느낌, 낙엽을 밟으면서 느끼는 낙엽 냄새 등은 모두 그 자체로 미술적 요소를 가지고 있다. 그 미술적 요소는 자연물로 낙엽 꽃다발을 만들기 위해 낙엽 속에서 예쁜 단풍잎을 찾아다니며 발견된다. 그 낙엽 꽃다발은 단순히 낙엽 꽃다발을 만들기 위한 미술적 목표만이 아니라, 발견하는 과정에서 이루어지는 다양한 움직임으로 오감은 깨어나고 발달한다.

3) 단순한 미술놀이는 다른 영역의 놀이와 통합적으로 이루어지며 확장한다

처음에는 낙엽 꽃다발을 만들어 놀지만, 그 낙엽 꽃다발은 숲 친구에게 줄 선물이 되기도 하면서, 숲 친구 선물 가게 꾸미기 놀이로 확장되기도 한다. 자연에서는 낙엽을 소재로 한 미술놀이가 소꿉놀이가 될 수 있는 곳이다.

4) 자연과의 관계 맺음으로 자연을 친구로 소중한 친구로 만들게 된다

내가 만든 자연물은 아이들에게는 의미 있는 친구이자, 소중한 보물이 된다. 자연에서 하는 미술놀이는 놀이의 과정으로 자연과 아이들이 자연스럽게 친해지며, 발견된 자연에서는 미술에 대한 이해뿐 아니라 자연에 대한 이해도 자연스럽게 일어난다. 이런 과정에서 미술놀이는 단순히 자연이 미술적 도구가 아닌, 자연으로부터의 발견이며, 발견된 자연물로 표현된 것은, 다시 자연으로 되돌려 주는 환원의 과정으로, 자연의 순환을 깨닫게 하는 의미가 되는 것이다.

자연에서 발견된 의미가 담긴 자연물은 창의적인 표현이며, 예술적 표현으로 드러난다. 특히, 사계절 변화하는 자연물의 다양한 형태와 특징은 아이들의 창의력을 키워준다. 예를 들면 자연물을 이용하여 악기 연주하기, 그림으로 표현하기, 조형물로 표현하기, 놀이 도구로 만들어 사용하기 등 다양한 예술적 표현이 가능하다. 자연물이 변화무쌍하게 변신 가능한 이유 중 하나는 모두가 하나 같이 획일적이지 않고, 다른 모양과 색을 가지고 있기 때문이다. 같은 나무에 달린 단풍 든 나뭇잎도 똑같은 크기, 똑같은 색을 찾을 수 없을 만큼 미묘한 차이가 있어 제각기 아름다움을 드러낸다. 단풍든 나뭇잎은 꽃다발이 되고, 다른 자연물과 만나 멋진 작품이 되기도 한다. 이렇게 기존의 자연물을 활용하여 새로운 작품으로 만들어 내는 과정에서 아이들의 상상력과 표현력은 창의성과 미적 감수성으로 발달된다.

▲ 자연물로 물들이고, 꽃다발 만들고~ 자연 미술로 놀기

2. 자연물로 표현해요

자연 미술은 자연에서 놀면서 자연스럽게 발현되는 과정이다. 자연을 친구로 여기고, 놀면서 하는 미술적 표현을 위한 방법을 살펴보면 다음과 같다.

1) 지속적이고 일상적인 생활에서 표현하기

'자연은 거대한 그림으로 자연을 산책하는 일은 그림을 산책하는 것과 같다(Jenkins, 1980).'라는 표현처럼 자연은 끊임없이 색채와 계절의 변화를 거듭함으로 새로운 자연의 미술표현이 창출되기 때문에, 같은 장소를 반복해서 간다고 해도 아이들은 그때마다 새로운 그림을 감상할 수 있게 되는 것이다. 이는 자연이라는 그림 속에 숨겨진 미적 요소를 발견하고 느낌을 표현해 봄으로써 미술의 기본인 '보는 눈'과 더불어 '미적 인식'을 발달시킬 수 있음을 의미한다. 자연 소재가 풍부한 숲은 아이들에게 미적 감수성과 미적 사고를 증진시킬 수 있으며, 자연에서 또래들 간의 활발한 상징 놀이와 창의적이고 협력적인 미술 활동을 통해 자연에 대한 이해와 미적 아름다움에 대한 표현력을 증진시킬 수 있는 활동이다.

2) 다양한 공간의 미적 요소를 표현하기

일반적으로 미적 대상의 본질적인 특성에 대한 제한된 경험과 이해를 갖게 될 경우 아이들은 이를 미술로 표현하는 데 어려움을 느낄 수밖에 없다고 하였다(김선월, 2012). 미적 감수성을 높이기 위해서는 아름다운 현상을 느낄 수 있는 환경을 자주 경험하며, 시각적 감수성과 심미감을 발견하고 표현하는 방법을 터득하게 하는 것이 중요하다. 아이들의 표현은 감각적 경험의 인식 및 이해와 연관되어 있기 때문에 여러 경험에서 오는 정보가 유익하게 결합되어야 할 필요가 있다. 그러므로 미적 안목을 위해서 시각 환경과의 만남과 미적 요소가 포함된 체험을 통해 창의적인 표현을 촉진할 수 있는 환경을 제공하여 주어야 함을 제시하고 있다. 또한 윌슨(Wilson, 1995)은 주변의 여러 시각 환경 중에 특히 유아들의 삶과 밀접히 관련되어 있으며 즐겨 찾는 시각 환경으로서의 자연에 대한 중요성을 강조하였다. 아이들이 자연에서 자신의 세계를 만들어 갈 수 있도록 풍부하고 흥미로운 자연환경을 제공해 주어야 하며, 그 안에서 자신의 눈과 손을 통해 창의적인 활동을 할 수 있는 놀이의 기회를 제공함으로써 표현에 대한 도전과 흥미를 자아낼 수 있다. 아이들은 예술적 요소의 자발적인 탐색 과정을 통해 지각력이 높아질 뿐만 아니라, 예술적 요소에 대한 인식이 생기게 되고 아름다움에 대한 흥미와 관심을 가지면서 이를 발견하려는 태도를 형성하게 되며, 이러한 태도는 이후 삶에 있어서 아름다움을 찾고자 하는 심미감의 기초를 형성한다고 할 수 있다. 왜냐하면, 자연은 아이들을 둘러싸고 있는 여러 주변 환경 중에 가장 직접적이고 구체적인 감각 경험을 통해 미적 대상을 주의 깊게 볼 수 있기 때문이다. 주의 깊은 탐색의 과정은 미적 체험과 표현활동에 적극적 참여와 흥미를 유도하고, 자연물로 표현한다.

3) 자발적으로 찾아오는 자유로움으로 표현하기

자발적으로 찾아오고 표현하는 자연물로 만든 작품들은 아이들의 자신만의 표현이며, 매번 계절의 변화에 따라 달라지는 자연물로 자연스럽게 놀면서 만든 작품들은 그 자체로 아이들에게 감동과 기쁨이 되고, 선물이 되는 것이다.

▲ 나뭇잎으로 만든 가면, 왕관~ 자연물은 다채로운 표현을 할 수 있는 보물창고

3. 교사도 함께 자연 미술 놀이해요

자연물로 만든 작품들이 각자 개인에게는 의미 있는 경험의 산물이며, 이것을 함께 공유하기 위한 자연 전시실을 만들어 구성하는 일은 하나의 공동 행위가 될 수 있는 장점이 있다. 지붕이 없는 외부라는 자유로운 공간과 그 공간을 발견하며 구성해내는 그 구성원인 아이들과 교사의 협력에 의해 가능하다. 자연에서 미술놀이의 협력자이자 친구인 교사의 역할은 다음과 같다.

1) 환경관리자이며 안내자

교사는 안전을 책임지는 관리자이기도 하면서 자연환경을 이용한 다양한 놀이를 할 수 있도록 하는 물적, 심리적 환경구성자 역할을 해야 한다. 교사는 아이들과 함께 자연공간을 탐색하고 발견하며, 아이들의 작품을 전시하고 공감해 줄 수 있는 과정을 함께 참여하는 하나의 구성원이며, 안내자이고 조력자이다. 교사는 아이들이 먼저 자연을 탐색하고 스스로 자신의 작품을 만들고 구성할 때까지 기다려주고 아이들의 흥미와 요구에 따라 관찰하고 제안하며 이끌어 줄 수 있어야 한다.

2) 교사가 먼저 자연을 발견하고 느끼기

교사가 그렇게 아이들의 흥미와 요구에 대한 발견을 지원해 주기 위해서는 교사 스스로 먼저 자연을 느끼고 그 안에서 감동하며 발견하고 교사도 자연에 친숙해지는 과정이 필요하다. 교사가 상황에 따른 적절한 발문과 지원을 위해서는 교사도 직접 체험해보고 경험해보는 다양한 기회가 마련되어야 할 것이다. 교사가 스스로 자연이 선물이라는 것을 느끼고, 함께 자연물로 놀면서 표현할 수 있는 태도와 인식이 필요하다.

3) 자연을 소중히 여기는 태도를 갖추기

아이들과 만나는 공간인 자연은 변화무쌍한 공간이므로 교사의 유연한 생각과 빠른 대처가 필요한 만큼, 자연에 대한 교사의 인식과 태도가 중요하다. 교사가 자연에 대한 소중함과 가치를 인식하게 되면, 아이들에게 자연을 친구로 여기고 소중히 만날 수 있는 태도를 보여주는 모델이 된다. 자연물을 이용해 표현활동을 즐기고 자연물을 자연에 돌려주는 일, 자연에서 자연을 함부로 훼손하지 않고 생명을 소중히 여기도록 하는 일은 교사의 태도와 가장 연관성이 높다고 할 수 있다.

▲ 단풍잎으로 색상환처럼 꾸미고 박스종이를 네모로 잘라 꾸미기

'누구에게나 봄은 오지만 아무에게나 봄은 아니다'

'자연이 아름다운 것은 있는 그대로 자연스럽게 살아가고 있기 때문이다'

(유종반)

Chapter

3

절기와 자연 미술놀이

1. 해님이 주는 선물 24절기 친구들

1) 다양한 자연물로 미술 놀이해요

자연에서 발견한 재료들은 미술놀이를 풍성하게 해준다. 자연 미술은 자연에서 시작하고 자연에서 완성하는 것으로, 햇빛, 바람, 물 등 다양한 특성을 가진 재료들로 넘쳐난다. 자연에서 찾은 재료는 자연의 모습을 재현해 보는 놀이, 자연물을 표현재료로 사용한다는 의미보다 자연 그대로의 특성을 살린 작품을 의미 있게 구성하는 방법이 있다. 그 자연물은 다시 자연에 자연스럽게 되돌려 주게 되는 경우가 많아서, 작품을 소유하기보다는 자연 그대로를 이용하여 미술놀이가 전개된다. 그러므로 재료도 대부분 자연물을 찾아와 놀이하면서 표현되는 경우가 많아 작품의 결과를 중시하는 교육이라기보다는 작품의 과정을 즐기는 과정 중심 교육이다. 이른 봄 늑대거미를 관찰하고 찰흙과 자연물로 늑대거미의 친구를 만들고 노는 일, 여름날 "결혼하자!"고 노래하는 매미를 돌멩이로 표현하기, 무당거미를 관찰한 후 바닥에 나뭇가지로 커다란 거미줄을 만들고 다양한 풀과 열매로 꾸미면서 놀이하는 일은 미술놀이가 놀이의 과정임이 드러나는 예이다. 또한, 이러한 놀이는 결과물로 만들어 소유하기보다는 자연에 돌려주며, 자연을 함부로 여기지 않는 생명 사랑의 태도를 만든다.

자연 미술은 현재 장소에서 발견한 자연물로 놀이하며 표현되는 것이기에, 장소의 특성과 계절의 변화에 따른 자연물의 특성을 반영하며, 자연에서 발견된 모든 것이 재료가 된다. 자연 공간에서 공간의 특성을 살려 움직이고, 깨어있는 감각으로 직접 경험하면서 경험한 것들이 모든 것들이 미술로 표현되는 것이다. 자연에서의 공간과 자연물을 탐색하는 일은 열린 공간 어디서든지 가능하며, 이러한 탐색은 공간 지각력과 환경에 대한 민감성을 키워줄 수 있다. 자유로운 탐색으로 찾아온 자연물에서 점과 선, 면, 색깔의 미술적 요소를 발견하는 지속적이고 다채로운 경험으로 자연물에 대한 이미지를 만들 수 있다. 어떤 자연물이 있는 곳에서 노느냐에 따라 이미지로 표현되는 자연은 다양하고 풍성한 작품으로 만들어진다. 처음에는 자유롭게 만들기에서 점차 재료의 특성을 살린 미술놀이로 구성된다. 자연물의 특성에 따라 오감을 활용한 미술놀이가 만들어지는데, 흙 하나의 재료로도 다양한 표현기법이 생겨나고 확장된다. 흔히 만날 수 있는 흙으로 흙 물감 만들어 나뭇잎에 그림 그리기, 흙과 물을 섞어 반죽하여 만들기, 흙을 이용하여 다른 재료를 연결하는 풀처럼 사용하기, 흙을 곱게 쳐서 자연물 놀려 놓고 나뭇잎 모양 떠내기 등으로 놀면서 흙에 대한 특성을 발견하고 다른 재료와의 관계성도 스스로 찾을 수 있게 되는 것이다.

▲ 흙은 얼굴 꾸미기 재료도 되고, 거미를 만들 수도 있지요

2) 24절기 자연의 변화를 표현해요

우리나라는 아주 오래전부터 1년 동안 자연의 변화와 흐름을 24절기로 나타냈다. 24절기는 약 15일을 한 절기로 한 달에 두 번의 절기가 있다. 24절기는 음력인 세시풍습과는 달리 해를 중심으로 만들어진 양력으로, 일 년 동안 해의 흐름

을 나타낸 것이기 때문에 해의 발자국이라고 할 수 있다. 자연에서 살아가고 있는 모든 생명은 해의 흐름인 절기에 맞게 살아가도록 진화되었다. 그래서 생명들은 해의 때인 절기를 알고 절기에 맞는 삶을 살아간다. 풀과 나무는 절기의 흐름에 따라 봄에는 꽃피워 열매를 맺고, 여름에는 뜨거운 햇볕으로 열매를 크게 키운다. 그리고 가을엔 찬 이슬로 열매를 잘 익히고 겨울엔 추위를 통해서 생명력을 단단히 응축시켜나간다. 풀과 나무뿐만 아니라 우리 사람들의 삶도 절기에 맞게 살아야 한다. 때를 알고 때에 맞는 삶을 살아야 한다. 이것이 철든 삶이다. "철들었다"라는 표현은 철, 즉 때(절기)를 알고 살아가는 것을 말한다. 지금 어느 때인지, 어떻게 살아야 하는지 모르고 사는 것이 철부지요, 철없는 삶이다(유종반, 2020).

자연생태 미술에서 절기를 알고 공부해야 하는 이유는 자연 속에서 때를 알고 때에 맞는 철든 삶을 살기 위해서이다. 때에 맞는 미술놀이로 사계절을 느끼고, 때에 맞게 살아가는 자연물로 나와 숲속 친구들을 표현해 보는 것이다. 때를 알고 때를 표현하기 위해서는 먼저 숲 친구들을 자세히 보고 어떻게 살아가고 있는지 제대로 알아야 한다. 왜냐면 숲 친구들이 자신의 때의 흐름인 절기를 잘 알고 절기대로 살아가기 때문이다. 우리는 숲 친구들의 삶의 모습을 통해서 우리도 어떻게 해야 절기대로 절기에 맞게 사는지를 알고 배울 수 있기 때문이다.

24절기 중에 동지는 일 년의 맺음과 시작이다. 왜냐하면, 동지 절기는 해가 죽었다가 다시 살아나는 해의 첫 시작이기 때문이다. 이때부터 절기의 때에 따라 사는 놀이는 시작된다.

봄이 시작되는 입춘에는 올해 뿌릴 씨앗을 준비하는 때이다. 이때 찰흙을 빚어 꽃씨를 준비하고, 씨앗이 잘 자랄 수 있는 장소에 놓아 지속해서 관찰을 해본다. 나무는 봄 절기에 싹과 잎을 내고 꽃을 피워 작은 아기 열매를 만들어는 절기 살이를 한다. 봄 절기에는 어떤 꽃들이 피었는지, 꽃이 진 자리에 어떻게 열매가 만들어지는지, 아기 열매가 잘 맺어 졌는지 보아야 할 때다. 이때는 떨어진 꽃으로 놀이를 할 수 있다.

여름에 속한 절기는 봄에 맺어진 열매가 뜨거운 햇볕으로 제 크기로 잘 자라는지 관찰하며 '아직은 익지 않았어' 놀이를 한다.

가을에 속한 절기에서는 햇볕과 찬 이슬로 먹음직스럽게 빨갛게 익은 열매들을 주워다가 동물들에게 밥상을 차려 대접을 할 수 있는 열매 밥상 차리기 놀이도 한다.

겨울에 속한 절기에서는 추워지면서 땅속이나 낙엽 밑에 들어가 겨울잠을 자는 곤충과 동물들을 관찰하고 이야기해본다. 그리고 추운 겨울바람을 잘 견딜 수 있도록 털옷이나 여러 겹의 가죽옷을 입고 봄을 그리워하며 살아가는 겨울눈을 관찰하며 겨울눈 놀이를 한다.

이처럼 24절기 사계절의 흐름을 따라 하는 미술놀이는 반복 순환하는 자연의 흐름과 의미를 알게 하여 자연과 함께 자연처럼 아름답고 건강하게 살아가는 삶의 지혜를 배우게 한다. 24절기는 해님이 우리에게 준비해준 아름다운 환경이며, 진수성찬과 같은 것이다. 때마다 우리가 어떻게 살아야 하는지 알려주는 지혜로운 하늘의 책이라고 할 수 있다. 이 책은 아이들에게 자연의 다채로운 모습을 감상하며 아름다움을 느끼게 하는 생명에 대한 감수성을 키워주고, 더불어 살아가는 삶을 만들어가도록 안내해 줄 것이다. 자연은 아이들에게 가장 멋진 선물이며, 가장 좋은 놀이터이고, 24절기는 아이들 삶에 최고의 책이다.

참고문헌

김선월(2003). 자연 산책을 통한 미술요소 탐색 활동이 유아의 그림표현에 미치는 영향. 중앙대학교 교육대학원.

신희이, 오유미. 신윤희(2018). **그림책 들고 숲으로 가요**. 파주: 정민사.

유종반(2020). **때를 알다 해를 살다**. 서울: 작은 것이 아름답다.

한정이(2017). 유아 숲체험활동과 미세먼지에 대한 부모와 교사의 인식. 경기대학교 교육대학원 석사학위 논문.

황혜경, 김용희, 구선희, 이혜경(2016). **자연물 중심의 유아 생태 미술교육**. 서울: 창지사.

Louv, Richard(2017). **자연에서 멀어진 아이들**(김주희, 이종인 역). 서울: 즐거운 상상 (원저 2005 출판).

실제편

볼 게 많은 봄

열매를 키우는 여름

맛있게 익히는 가을

겨우겨우 살아서 겨울

볼 게 많은~

일어나! 봄 친구들 만나러 가자~ 어서 일어나!!

해님이 숲 친구들을 깨우고 산에 들에 물이 오르는 3월~

경칩 – 깨어났나요?

춘분 – 제대로 봄 맞을 준비가 되었나요?

해님이 꽃을 피우고 물오른 나무들이 잎을 돋우는 4월~

청명 – 무슨 꽃을 피우고 있나요?

곡우 – 씨앗을 잘 뿌리고 있나요?

해님이 초록색 아기 열매를 만들고 다양한 초록이들의 세상 5월~

입하 – 여름의 의미를 알고 잘 준비하고 있나요?

소만 – 열매를 잘 키울 준비를 하고 있나요?

해님이 봄바람을 불러 숲 친구들을 깨웁니다.

따뜻한 봄바람은 해님의 사랑이에요.

호~하고 따뜻한 봄바람이 안아주면 숲 친구들 하나둘씩 눈 비비고 일어나네요.

숲속 친구들도 말을 하지요~모양으로..., 색깔로..., 향기로...!

하트 모양으로 나에게 사랑한다고 말하는 풀잎들,

빨간색으로 위험하니 조심하라고 하는 벌레들,

아름다운 향기로 나에게 놀러 오라 하는 꽃들의 이야기에 귀를 기울여 보세요.

숲은 자신만의 언어로 이야기하고 자신만의 전략으로 살아가지요.

Tip 1

봄의 지혜

열매가 맺어졌다면 그 나무가 봄에 해야 할 일을 제대로 한 것입니다. 봄에는 나무에게 배운 지혜대로 내가 꼭 해야 할 일을 심고 키울 준비를 할 때입니다.

3월

해님이 숲 친구들을 깨우고
산에 들에 물이 오르는 물오름달

일어나!! 경칩이야~ 어서 일어나!

해님이 데려온 따스한 봄바람이 바쁘네요!

노란 봄바람~

분홍 봄바람~

하얀 봄바람~

연두 봄바람~
봄바람이 숲 친구들을 깨우느라 바쁘네요.

혹독한 겨울을 무사히 잘 견뎌내긴 했지만

조심하세요! 봄은 아무에게나 오지 않아요.

제대로 준비를 해야지 온전한 나만의 봄이 되는 것이니까요.

심술꾸러기 꽃샘추위는 조심하라 눈을 찡긋하네요~

춘분을 맞아 이제는 완연한 봄이 되었어요

부지런한 늑대거미들은 낙엽들과 로제트들 사이를

봄바람 타고 오가며 먹이 활동을 잘도 하네요~

Tip 2

3월의 지혜

모든 숲속 친구들은 자신만의 때가 있답니다.
우리도 나의 때에 맞게 살아갈 수 있도록 항상 깨어 있어야겠어요.

우리도 해님이야~ 일어나!!

해는 계절을 알리고 숲을 다스리는 대단한 존재라 해님이라고 하지요.

숲 친구들이 제때에 제대로 된 봄을 맞을 수 있도록 우리가 해님이 되어 겨울잠에서 깨워볼까요? 나만의 해님을 만들고, 숲 친구들에게 따뜻한 사랑을 쬐어주면서 잎눈, 꽃눈을 좀 더 가까이서 관찰할 수도 있지요.

봄이 왔다고 내 친구들도 깨워서 봄을 맞으라 알려주고, 땅바닥에서 일찍 꽃을 피우고 열매를 맺으려는 전략으로 겨울을 지낸 로제트나, 개구리 알, 도롱뇽 알들에게도 따뜻한 해님을 비추어 봄이 왔다고 알려주어요.

지금 봄을 맞지 않으면 늦을 수도 있어요, 모든 것은 제때가 있기 때문이지요.

우리도 어서 깨어서 봄을 맞이해야 해요!

소제목 친구야~ 따뜻한 해님이 되어 숲 친구들을 깨우러 가자!

활동목표 해님을 만들어 봄에 만날 수 있는 숲속 친구들에게 인사를 나눈다.

준비물 및 관련자료 여러 가지 색깔 부직포, 가위, 글루건

활동방법

① 부직포를 이용해 해님 반지를 만들어 본다(사진 참조).

② 해님 반지를 끼고 봄 숲으로 나간다.

– "따뜻한 해님이 되어 숲 친구들을 깨우러 가자!"

③ 새순하고 인사를 나눈다.

– "새순아! 안녕~~~ 해님이야, 어서 일어나. 봄이 왔어."

④ 주변 자연과 만나며 인사를 나눈다(꽃눈, 잎눈, 로제트, 개구리 알 등).

확장활동 및 유의점

– 영아들의 경우 손목에 찰 수 있는 팔찌로 만들어서 활동한다 (새순아~ 안녕~).

– 우리가 깨우는 봄 친구들을 위해 노래 선물도 준비한다.

– 봄 친구들에게 인사 외에, 어떤 말을 해 줄 것인지 생각해 보고 인사말과 함께 준비한 말도 전해 준다.

– 자기만의 해님을 직접 만들어 보고 그것을 이용해 본다.

활동사진 순서

1. 해님 모양으로 자르기

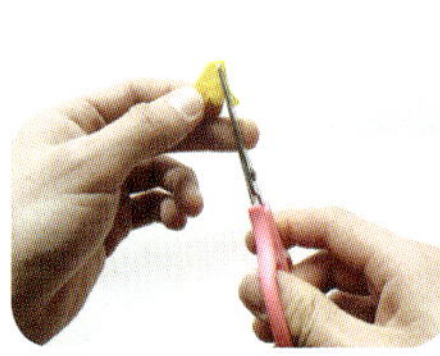

2. 하트 모양으로 자르기

3. 글루건으로 하트 붙이기

4. 손가락 고리 만들어 붙이기

완성 사진 및 확장 활동

커다란 해님을 만들어요

나뭇가지로 만든 해님

아까시 씨앗으로 만든 해님

스트로브 잣 방울로 만든 해님

봄바람을 선물해요~

아직은 봄바람이 차갑게 느껴지나요?

얼었던 땅을 녹여 따뜻한 봄을 데려오느라 볼에 닿는 바람이 차갑게 느껴집니다.

노란 봄바람이 다녀가면, 산수유, 생강나무꽃 풍선 열리고,

하얀 봄바람이 다녀가니, 바람꽃, 매화꽃 풍선이 터지구요,

분홍 봄바람이 간지럽히니 진달래꽃 풍선도 열리겠지요.

그리고 꽃이 지면 잎을 내느라 연두 봄바람이 바빠지겠네요.

봄바람을 담은 비닐백을 볼에 살짝 대보세요.

눈이 번쩍 떠 질만큼 포근하고 따뜻한 봄바람이 느껴지지요?

매직으로 편지를 쓰거나 그림을 그려서 친구들에게 선물도 해보아요~

소제목 따뜻한 봄바람 선물을 데려가요

활동목표 보드라운 봄바람을 느낀다.

봄바람을 담아 감사한 분들께 선물로 드린다.

준비물 및 관련자료 비닐백, 가위, 매직, 마끈

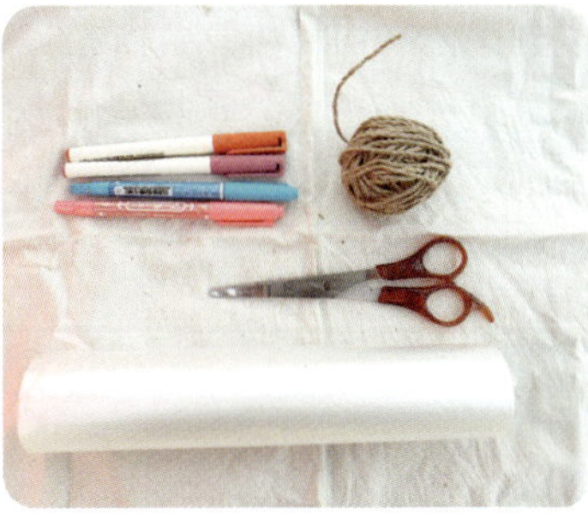

활동방법

① 비닐백에 매직을 이용해 그림을 그린다.
(부모참여 시에는 마음을 글로 써 볼 수 있다.)

② 봄바람을 비닐에 담아본다.

–"봄바람은 어떤 느낌일까요? 우리 봄바람을 담아볼까?"

③ 충분히 담은 봄바람을 마끈으로 묶는다.

– 담은 봄바람을 가지고 함께 산책하기

④ 보드라운 봄바람을 선물로 데려간다.

확장활동 및 유의점

– 사전활동으로 선물을 드릴 분의 사진을 준비해 비닐에 붙인 후 꾸며보는 것도 좋다. (예: 가족사진 등)

– 봄바람을 눈으로 느끼기 위해 바람개비를 사용해도 좋다.

– 봄바람을 몸으로 표현해 보거나 나만의 그림으로 표현해 본다.
휴지 심으로 봄바람 요정을 만들어 봄바람 요정이 되어본다.

활동사진 순서

1. 비닐백에 그림 그리기

2. 봄바람 담아보기

3. 마끈으로 묶어 날려보기

4. 봄바람 선물 데려가기

완성 사진 및 확장 활동

봄바람이 눈으로 보여요~

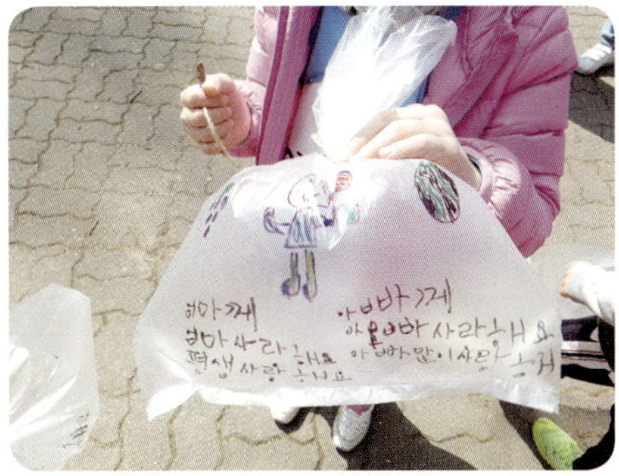

편지를 써서 선물을 해요

봄바람을 날려요

봄바람 요정 되어 산수유 깨우기

휘리릭 날쌘 늑대거미랑 놀아 보자

이른 봄 숲 바닥에서 빠르게 움직이는 작은 친구들을 본 적이 있나요?

우리가 움직이면 옆에 있는 로제트나 낙엽 속으로 들어가 숨는 배회성 거미류들이지요. 집을 짓고 사는 정주성 거미보다 돌아다니며 먹이 활동을 하는 배회성 거미들이 먹이를 더 많이 먹는다고 하네요.

찰흙과 자연물을 이용해 늑대거미를 만들고 놀아 볼까요.

거미는 머리가슴과 배 두 부분으로 나뉘는데 작은 돌멩이에 머리가슴 부분을 찰흙으로 뭉쳐 붙이고 가슴 부분에 가는 나뭇가지로 다리를 꽂으면 완성되지요.

우리 반 나무 아래에 거미 마을을 만들어 같이 놀게 해줄까요?

소제목 늑대거미를 만들어 놀아 보자

활동목표 로제트에 관심을 보이며 탐색한다.

늑대거미를 다양한 재료로 표현한다.

준비물 및 관련자료 자연물(나뭇가지, 다양한 크기의 돌, 열매 등)

찰흙

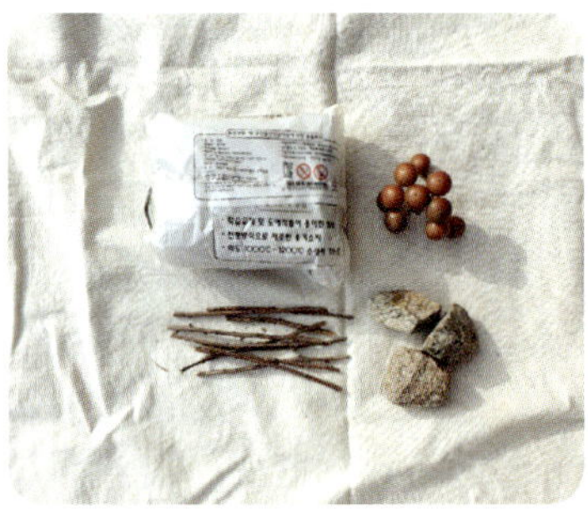

활동방법 ① 산책가며 발견한 로제트와 그 근처에 사는 늑대거미를 관찰한다.

(로제트: 추운 겨울을 온몸을 짝 펴고 누워 찬바람을 덜 맞고 햇볕으로 몸을 데우며 지냄/사진 참조)

② 돌(배)과 찰흙(머리+가슴)을 이용해 늑대거미의 몸을 만든다.

(참고: 거미는 머리가슴, 배 두 부분으로 나뉩니다)

③ 나뭇가지로 거미의 다리를 만들어 돌멩이와 찰흙이 닿는 부분에 최대한 가까이 붙인다. (참고: 거미의 다리는 가슴 부분에서 나옵니다)

④ 돌에 조그맣게 찰흙을 붙인 후 열매를 붙여 눈을 꾸며준다.

확장활동 및 유의점 – 거미 모양 도장을 이용해 찍기 활동을 한다.

– 늑대거미에게 집을 선물해 준다면 어떤 집을 선물하고 싶은지 그림으로 그리거나 다양한 재료로 만든다.

활동사진 순서

1. 찰흙과 돌로 거미 몸 만들기

2. 다리 붙이기

3. 찰흙과 열매로 눈 만들기

4. 늑대거미 완성

완성 사진 및 확장 활동

달맞이 로제트–
내려다보면 마치 장미꽃 같다 하여 로제트라고 하지요.
추운 겨울을 온몸을 쫙 펴고 누워
찬바람을 덜 맞고 햇볕으로 몸을 데우고 지내며
얼른 꽃대 올려 피우고
일찍 열매를 맺으려는 전략이지요.

늑대거미 마을 만들기

졸참나무 도토리를 이용한 거미

솔방울로 만든 늑대거미

우리 반 나무 정하기

3월이 끝나 가네요, 새 학기를 잘 맞이하고 선생님과 반 친구들과도 친해졌지요?

그렇다면 올 한해 우리가 관찰할 나무를 정해보기로 해요.

한 해 동안 지속적으로 관찰해야 하므로 리본을 묶어 표시하고요.

나무의 겨울 눈을 관찰할 수 있고, 꽃에 놀러 오는 곤충과 더불어 가을이면 해님을 닮은 빨간 열매를 먹으러 오는 새들까지 볼 수 있는 나무면 좋겠어요. 우리 반 친구들과 함께 정하고 나뭇가지나 여러 가지 자연물을 이용해서 울타리를 만들어 주고 이름표도 매달아 관심을 가지고 관찰해 보아요.

어떻게 지켜줄 것인지 편지나 그림을 그려서 페트병에 넣어 우리 반 나무 앞 땅에 묻고 가을에 꺼내서 잘 지켰는지 확인하는 것도 좋아요.

소제목 우리 반 나무를 정해요

활동목표 산책하며 우리 반 나무를 정한다.
우리 반 나무를 자연물을 이용해 꾸민다.

준비물 및 관련자료 찰흙, 나뭇가지, 마끈, 열매들, 나뭇잎

활동방법

① 산책하며 여러 다양한 나무에 관심을 갖는다.
② 여러 나무 중에서 우리 반 나무를 정한다.
③ 자연물을 이용해 우리 반 나무를 꾸밀 작품을 만든다.
④ 우리 반 나무 주변에 전시한다.

확장활동 및 유의점

- 우리 반 나무 앞에서 함께 사진을 찍는다.
- 우리 반 나무 이름을 지어 주고, 우리 반 나무에게 하고 싶은 이야기를 글이나 그림으로 표현해서 페트병에 넣고 타임캡슐을 만들어 우리 반 나무 앞에 묻어두고 가을에 꺼내 본다

활동사진 순서

1. 주변 나무에 관심 가지기

2. 우리 반 나무 정하기

3. 우리 반 나무에 꾸밀 작품 만들기

4. 우리 반 나무 꾸며주기

완성 사진 및 확장 활동

참나무 잎으로 만든 반지 선물

맥문동 잎으로 모빌선물

나무표시와 선물

나무를 지키는 요정

4월

해님이 꽃을 피우고
물오른 나무들이 잎을 돋우는 잎새달

청명한 맑은 봄날! 쪼르륵 물오름 소리 들리나요?

만물이 깨어나기 위해서는 물이 필요하네요!

얼었던 땅이 녹아서 새싹이 돋아나고, 나무는 꽃눈과 잎눈을 틔우기 위해서

물을 끌어 올리고 있네요! (겨울에 얼지 않기 위해 뿌리로 내려보낸 물이에요.)

물오름 소리로 여기저기서 쪼르륵 소리가 나더니 연신 뻑!뻑!… 팡!팡!

겨울눈(잎이 들어있는 잎눈과 꽃이 들어있는 꽃눈)이 열리는 소리가 숲을 채웁니다.
재잘재잘 꽃들은 모양과 향기로 말을 하지요.

"곤충들아! 나에게 놀러와~~~!"
곤충들은 "진짜? 놀러 가도 돼?"라고 되묻지요.

꽃들이 "꿀도 줄게!"라고 하며 활짝 웃으면
허락받은 곤충들은 꿀을 먹으며 이꽃 저꽃에서 신나게 놀지요~ !

곤충들이 놀고 있는 사이에 여자 꽃가루와 남자 꽃가루가 만나게 되어

결국, 작은 아기 열매가 맺어지게 되었네요!

봄은 올 한해 키울 열매를 맺는 때이지요. 
나무는 열매를 맺었으니 봄에 할 일을 제대로 한 거예요.

Tip 3

4월의 지혜

우리도 올 한해 키울 열매를 맺었는지 점검할 때입니다.
올해 무엇을 키우고 익히고 싶은가요?

벚꽃놀이 가자

춘분이 지나니 완연한 봄이 되고 온 세상에는 봄꽃 잔치가 벌어지네요.
직박구리들이 꿀을 빨아 먹다 떨어뜨린 벚꽃 송이 모아 꽃다발 만들고,
자극이 적은 바셀린 크림이나 로션을 물풀처럼 바르고
날리는 꽃잎을 받아 손톱에 붙여 꾸미고 손등이나 얼굴에 꽃잎 화장하지요.
떨어지는 꽃잎을 받으면 행운이 온다지요.
행운 가득 붙이고 꽃잎 화장해서 꽃놀이 가요.
꼭 벚꽃잎으로만 화장할 수 있는 것은 아니지요.
어떤 꽃이든, 작은 나뭇잎, 풀잎으로도 예쁘게 화장할 수 있어요.

소제목 벚꽃 놀이

활동목표 벚나무를 탐색해 본다.
벚꽃을 가지고 다양한 놀이를 즐긴다.

준비물 및 관련자료 벗나무, 떨어진 벚꽃잎, 자연물
크림이나 바셀린(벚꽃잎 붙이는 데 사용)

활동방법

① 손톱에 바셀린이나 로션을 바른 후 벚꽃잎을 붙인다.

② 나뭇가지에 로션을 이용해 벚꽃잎을 붙인다.

③ 돌멩이에 로션이나 목공풀을 이용해 벚꽃잎을 붙인다.

④ 손등에 로션을 바른 후 벚꽃잎을 붙인다.

확장활동 및 유의점

– 바닥에 떨어진 벚꽃잎을 감상해 보고, 나뭇가지를 놓아 작은 벚나무를 만들어 본다.

– 벚꽃잎을 활동지에 붙이고 연상되는 것을 그림으로 표현해 본다.

(예: 선생님의 벚꽃 앞치마, 벚꽃 개미 등)

활동사진 순서

1. 손톱에 붙여보기

2. 나뭇가지에 붙여보기

3. 돌멩이에 붙여보기

4. 손등에 붙여보기

완성 사진 및 확장 활동

새들이 먹다 떨어뜨린 꽃으로 만든 꽃다발

코스모스 꽃잎으로 괴물 손톱 꾸미기

바닥에 벚나무 그리기

금계국 꽃잎을 붙여 인디언 되기

물오른 숲에 올챙이 만나러 가자

꽁꽁 얼었던 계곡물이 녹으면 산개구리들과 도롱뇽들이 알을 낳고
해님이 따뜻하게 안아주면 꼬물거리는 올챙이로 깨어나지요.
젤리질을 먹으며 영양을 채우고 아직은 추운 웅덩이에 모여 서로 안아
체온을 유지하네요.
해님의 사랑을 받은 올챙이를 관찰하고 쌀 포대 종이나 마른 참나무 잎을
올챙이 모양으로 잘라 네임펜으로 꾸미고
나뭇가지로 등뼈와 꼬리 표현하면 나만의 올챙이가 완성이 되네요!
올챙이에게 이름을 지어주고, 돌멩이 모아 연못을 만들고
올챙이 노래 부르며 놀아 볼래요?

소제목 올챙이 친구들을 만나볼까요?

활동목표 올챙이에 관심을 가지고 탐색한다.
자연물을 이용해 올챙이를 표현한다.

준비물 및 관련자료 종이(쌀 포대 종이 재사용 : 색이 자연스럽고 아이들 손이 베지 않음)
사인펜, 가위, 나뭇가지

활동방법

① 쌀 포대 종이를 올챙이 모양으로 오린다.

② 사인펜을 이용해 올챙이를 표현한다.

③ 색칠한다.

④ 나뭇가지를 이용해 올챙이 꼬리를 표현하면 놀이에 편하다.

확장활동 및 유의점

- 올챙이 머리띠를 하고 올챙이를 몸으로 표현한다.
- 올챙이를 색종이 접기로 표현한다.
- 그릇에 떠서 올챙이를 관찰할 때 올챙이가 다치지 않게 조심하고 보내줄 때도 조심히 보내준다.

활동사진 순서

1. 올챙이 모양으로 오리기

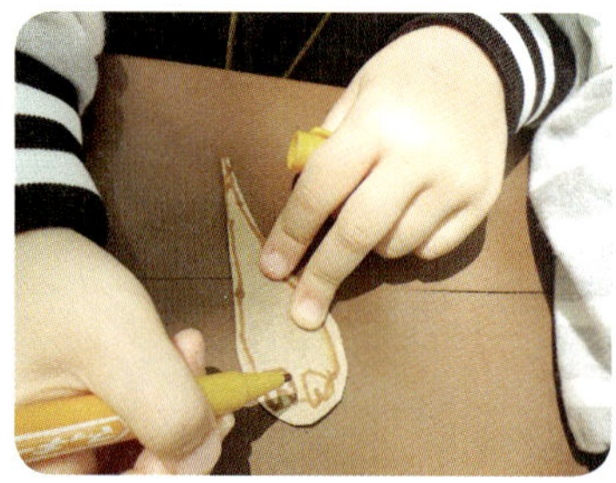

2. 올챙이 표현하기

3. 색칠해 보기

4. 나뭇가지로 꼬리 만들기

완성 사진 및 확장 활동

산개구리 알

산개구리 올챙이

참나무잎으로 만든 올챙이로 놀기

쌀 포대 종이로 만든 올챙이로 놀기

우리 동네에는 어떤 봄나물이 있을까?

봄에 나는 어린 풀은 나물로 먹을 수 있어요.

언 땅 위에서 해를 온몸에 받고 찬바람을 피해서 누구보다 빨리 꽃대를 올리고 씨를 만들려는 로제트도 나물이지요.

위에서 내려다볼 때 마치 장미꽃처럼 보인다 해서 로제트라 부르고 우리말로는 방석식물이라고도 해요.

손을 잘 베지 않는 쌀 포대 종이를 손바닥만 하게 잘라 책자를 만들고 마음에 드는 나물을 찾아 잘 펴서 스카치테이프로 고정하고 표지를 덮어 이틀 정도 무거운 책으로 눌러 말리면 근사한 나만의 도감이 완성되지요.

잊지 않아야 하는 것은 도감이 되어준 봄나물에게 고맙다고 꼭 인사를 해요!

소제목 우리 동네 봄나물이에요.

활동목표 우리 동네 봄나물에 관심을 가진다.
우리 동네 봄나물을 이용해 도감을 만든다.

준비물 및 관련자료 종이(쌀 포대 종이), 네임펜, 테이프
우리 동네 봄나물

활동방법

① 쌀 포대 종이를 이용해 표지를 꾸민다.

② 테이프로 들풀을 붙인다.

③ 봄나물 이름을 써본다.

④ 봄나물 도감을 서로 살펴본다.

확장활동 및 유의점

- 봄나물 실물 사진을 코팅해서 봄나물 식탁 차리기 (역할) 놀이를 한다.

- 꽃 편지쓰기 활동을 한다.

활동사진 순서

1. 표지 꾸미기

2. 들풀 붙이기

3. 봄나물 이름 쓰기

4. 완성

완성 사진 및 확장 활동

꽃 실물을 붙이고 잎은 그려보기

표지도 꾸미기

들풀 주제로 동시 쓰기

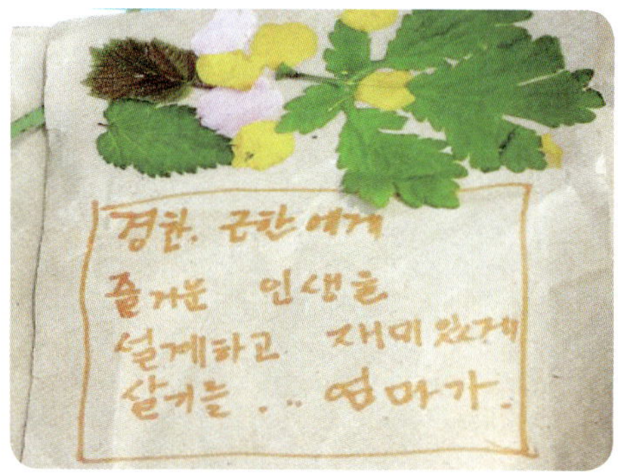

꽃 편지 쓰기

꽃과자 먹고 봄놀이 가자

분홍 봄바람이 다가오면 고운 진달래 꽃동산이 되네요.

진달래는 이름이 하나 더 있어요.

먹을 수 있다고 해서 참꽃이라고도 하지요.

진달래에게 미안하다고 말하고 꽃잎 한 장 맛보면 쌉싸름하고 보드라운 고운 봄이 내게 들어오네요.

과자에 잼이나 떠먹는 요구르트를 바르고 진달래를 얹어 꽃과자로도 만들어 먹어 볼까요?

진달래꽃을 먹는다는 것은 해님의 사랑을 먹는 것이고 봄을 먹는 것이지요.

진달래를 키운 해님과 진달래에게 고맙다고 크게 인사하고 진달래의 사랑까지 나누며 살아요.

소제목 진달래꽃 과자와 꽃차를 마셔요

활동목표 봄꽃에 관심을 가진다.

진달래를 이용해 꽃과자를 만든다.

준비물 및 관련자료 십자화과(네 개의 꽃잎이 십자 형태를 이루고 있다. 대표적인 채소로는 배추, 무, 브로콜리, 케일 등)

봄꽃(유채꽃, 진달래, 순무꽃, 꽃다지, 냉이 등)

다양한 종류의 잼, 과자

– 진달래 화전도 좋으나 숲에서는 불을 사용하지 못하므로 봄꽃 과자 만들기 활동이 좋다.

활동방법

① 봄꽃을 준비한다. (진달래, 유채꽃, 순무꽃, 꽃다지, 냉이 등)

② 과자에 잼을 바른다.

③ 봄꽃을 올린다.

④ 꽃과자와 꽃차를 함께 먹어본다.

확장활동 및 유의점

- 진달래를 지점토에 붙여 진달래 목걸이를 만든다.

- 교사의 도움을 받으며 진달래 화전 요리 활동을 한다.
- 떡이나 김밥에도 얹어 먹어 본다.

활동사진 순서

1. 먹을 수 있는 봄꽃 씻기

2. 과자에 잼 바르기

3. 봄꽃 올리기

4. 봄꽃 과자 완성

완성 사진 및 확장 활동

봄꽃으로 꽃차도 만들어 마셔보아요

떡으로 얼굴을 꾸며 보아요

김밥 위에 얹어 먹어보아요

여러 가지 꽃으로 만든 꽃과자

5월

해님이 초록색 아기 열매를 만들어
다양한 초록이들의 세상 푸른달

열매야 어딨니?

오월은  곤충들과 바람과 해님의 사랑으로 성장하게 될

아기 열매를 만날 수 있는 때입니다.

봄에 맺어진 아기 열매들이 잎에서 나오는 사랑을 먹고

자기 모습대로 자라며 붉게 익어 가겠지요! 

입하는 무더운 여름이 오니 제대로 더위를 맞이할 준비를 하라는 때이고,

소만은 겨울눈 속에 갇혀 있던 잎들이 제 모습 제 크기로

온몸을 쫙 펴며 온전히 자라난 때이지요.

제대로 자란 연한 잎들은 애벌레들에게 말하고 있지요.

“내 몸을 내어 줄 테니 나를 조금 먹어도 돼~”라고요….

 나뭇잎 속에 담긴 해님의 생명 사랑을 먹고 자란

애벌레들은 자신을 내어주어 새들을 키우고,

애벌레들의 생명 사랑으로 잘 자란 아기 새들은

엄마 아빠가 지은 나무 둥지 품속에서 무럭무럭 자라나지요.

Tip 4

5월의 지혜

숲속의 곤충들은 자신만의 나뭇잎을 찾아 알을 낳고,
나뭇잎은 애벌레를 먹여 살리고,
새들은 애벌레를 통해 단백질을 섭취하여 건강한 알을 낳고…!
순환하는 자연의 숲 친구들에게 나눔과 배려를 배워 봅니다.

목련꽃이 스케치북이라고?

한겨울을 털옷으로 따뜻하게 지낸 목련꽃의 겨울눈을 만나볼까요?
해님이 보낸 하얀 봄바람 다녀가니 털옷을 벗고 활짝 웃네요.
벗은 털옷을 다섯 손가락에 끼우니 괴물로 변하고, 하얀 꽃잎을 주워 손톱이나 나뭇가지로 꾹꾹 누르거나 찧어 잠깐 두니 갈변해서 그림이 진하게 보이네요.
목련꽃 잎은 무엇이든지 쓰거나 그릴 수 있는 스케치북으로 변신하지요.
두꺼운 꽃자루 똑 떼어내고 살살 주물러 벌리고 조심스레 훅~ 불면 풍선도 되네요.

소제목 목련꽃 스케치북에 그림을 그려요

활동목표 목련 나무에 관심을 가진다.
목련 꽃잎을 가지고 다양한 그림을 그려본다.

준비물 및 관련자료 목련 꽃잎, 나뭇가지

활동방법
① 목련꽃 잎을 손가락으로 누른다.
② 양쪽 엄지손가락으로 누른다.
③ 손톱 끝으로 누르며 모양을 만든다.
④ 나뭇가지를 이용해 자유롭게 그림을 그린다.

확장활동 및 유의점

- 목련꽃을 자유롭게 손가락으로 눌러보거나 나뭇가지로 긁적인다.

- 목련 꽃잎 끝부분에 바람을 불어 목련꽃 풍선 놀이를 한다.

활동사진 순서

1. 손가락으로 누르기

2. 양쪽 엄지손가락으로 누르기

3. 손톱 끝으로 누르기

4. 나뭇가지 이용해서 그리기

완성 사진 및 확장 활동

목련 나무에게 선물을 해요

바닥에 목련꽃 동네 만들기

다시 꽃으로 만들어 보기

겨울 눈 껍질로 괴물 손톱 만들기

멋쟁이 도롱뇽을 소개합니다

산개구리와 함께 이른 봄부터 만날 수 있는 우리들의 친구 도롱뇽!

도롱뇽은 도마뱀처럼 생겼지만 양서류이지요.

계곡물에 두 덩이의 알을 낳고 유생 시절을 지내고 성채는 물 뭍 생활을 하지요.

옛 어른들은 돌이나 수초에 알을 붙여 낳으면 그해 홍수가 난다고 하고, 물속에 낳으면 가뭄이 든다는 재밌는 이야기로 그해 날씨를 점치기도 했지요.

양서류는 생태계 피라미드의 중간에 위치하고 있어서 중요하고 환경적으로도 오염이 덜되고 안정된 곳에서 볼 수 있으니 가까이서 볼 수 있는 고마움이 더욱 커집니다.

우리 친구 도롱뇽을 멋쟁이로 만들어 줄까요?

소제목 도롱뇽아~ 안녕? 우리 같이 놀자

활동목표 도롱뇽에 관심을 가진다.
나뭇잎을 이용해 도롱뇽을 표현한다.

준비물 및 관련자료 도롱뇽 그림, 골판지, 가위, 목공풀, 마끈, 나뭇잎(나뭇잎은 뜯어 작게 만들어 놓는다)

활동방법

① 도롱뇽 그림을 오려 골판지에 붙인다.

② 도롱뇽 그림에 목공풀을 바른다.

③ 작게 잘라 놓은 나뭇잎으로 도롱뇽을 꾸민다.

④ 골판지에 펀치로 구멍을 낸 후 마끈으로 고리를 만든다.

확장활동 및 유의점

– 도롱뇽 그림에 면봉으로 물감을 찍는다.

– '같을까? 다를까? 개구리와 도롱뇽'이라는 책을 보며 개구리와 도롱뇽에 대해 더욱 관심을 가지고 특징을 찾는다.

활동사진 순서

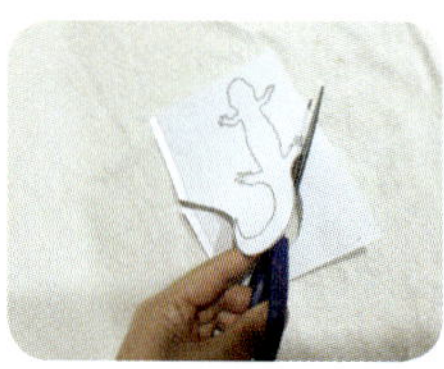

1. 그림을 오려 골판지에 붙이기

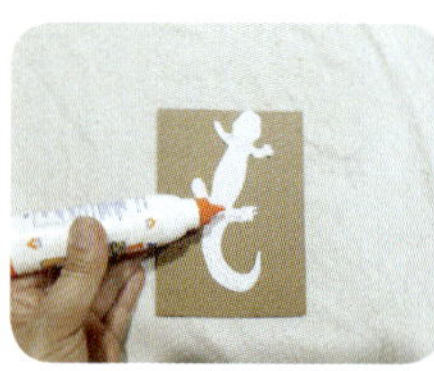

2. 풀칠하기

3. 나뭇잎 붙이기

4. 끈 끼우기

완성 사진 및 확장 활동

완성된 도롱뇽 액자

꾸민 도롱뇽 전시

유생은 버찌 즙으로 그리기

개구리도 꾸며봤어요

들꽃 팔찌 하나면 나는 숲속 멋쟁이!

나뭇잎들이 크게 자라 해님을 가리기 전에 키 작은 들풀들은 씨를 맺기 위해 부지런히 몸을 키우고 꽃을 피우지요.

풀들의 작은 키는 나뭇잎들이 나오기 전에 많은 햇볕을 받을 수 있고 곤충들의 눈에 잘 띌 수가 있지요.

잔치가 벌어진 들풀 꽃밭에 나도 놀러 가고 싶어요.

종이 테프 뒤집어 붙이고 멋진 꽃 팔찌 만들어 차고 들풀 꽃 잔치에 놀러 가요.

해님이 키운 들꽃에게 고맙다는 인사도 잊지 마세요!

소제목 나는 숲속 멋쟁이

활동목표 다양한 색깔의 꽃잎에 관심을 가진다.

꽃잎을 가지고 꽃 팔찌를 만든다.

준비물 및 관련자료 종이테이프, 여러 다양한 색깔의 꽃잎, 풀잎

활동방법

① 산책하며 떨어진 꽃잎이나 나뭇잎을 모은다.

② 종이테이프를 끈끈이가 겉으로 나오도록 팔에 감는다.

③ 다양한 색깔의 꽃잎을 자유롭게 붙인다.

④ 나의 팔찌와 친구들의 팔찌를 감상한다.

확장활동 및 유의점

- 꽃 팔찌를 부모님께 선물한다.
- 내가 좋아하는 색의 꽃잎과 나뭇잎을 가지고 패턴 있게 붙여본다.

활동사진 순서

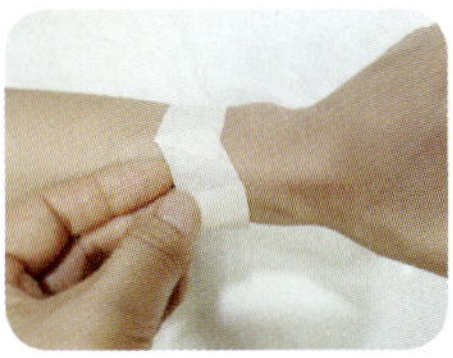

1. 종이테이프를 끈끈이가 겉으로 나오도록 팔에 감기

2. 꽃잎 붙이기

3. 마음대로 꾸며보기

4. 완성

완성 사진 및 확장 활동

비오는 날 교실에서 만들기

공원에서 만들기

산철쭉으로 만들기

제비꽃밭에서 꾸미기

우리 반 이름표는 내가 만든다

들꽃 밭에는 풀잎들도 한창이네요.

풀밭에 앉아 풀잎 찧어 소꿉놀이하며 놀다 보니 어느새 옷에 풀물이 들었던 적이 있었지요.

해님이 키운 풀들도 저마다의 다양한 초록색이 있고, 풀즙도 다양한 색이 나오지요.

풀잎에게 허락 맡고 필요한 만큼 뜯어 콩콩 찧고 물 조금 넣고 다양한 색깔 풀즙 모아 우리 반 이름을 써볼까요?

들풀을 키운 해님 고마워요~ 같이 놀아준 풀잎들아 고마워!

소제목 다양한 초록 물감을 만들어 볼까요?

활동목표 풀잎을 찧으면 어떻게 변화되는지 알아본다.

찧은 풀잎으로 반 이름을 색칠한다.

준비물 및 관련자료 풀잎(색이 다른 종류로 3가지 정도 준비)

절구, 붓, 우리 반 이름판

활동방법

① 종류별로 풀잎을 절구에 넣고 찧는다.

② 찧은 풀잎을 그릇에 담는다.

③ 붓을 이용해 반 이름을 색칠한다.

④ 완성된 반 이름표를 교실에 전시한다.

확장활동 및 유의점

- 풀잎 찧은 것을 이용해 물티슈를 물들인다.
- 돌에 풀잎으로 그림을 그린다.
- 꽃잎도 찧어 어떤 색깔이 나올까? 예상해 본다.
- 찧은 풀잎과 가장 비슷한 색을 주변에서 찾아본다.

활동사진 순서

1. 풀잎 찧기(종류별로 찧기)

2. 찧은 잎을 그릇에 담기

3. 반 이름을 붓으로 칠하기

4. 완성

완성 사진 및 확장 활동

풀을 뭉쳐서 칠해보기

우리 반은 꽃잎 반이에요

내 이름도 쓸 수 있어요

우리 반에 놀러 오세요

열매를 키우는~

나뭇잎과 열매를 제 모양, 제 크기로 키워요

해님이 열매를 무럭무럭 키우는 소리로 가득 찬 6월~

망종 – 풀들은 왜 일찍 열매를 익힐까요?

하지 – 열매를 키우는 여름엔 왜 더울까요?

해님이 더위로 열매를 제 모양대로 키우는 7월~

소서 – 더위가 하는 일은 무엇일까요?

대서 – 뜨거운 더위를 어떻게 보내야 할까요?

해님이 초록색 아기 열매를 만들고 다양한 초록이들의 세상 8월~

입추 – 가을의 의미를 알고 준비하고 있나요?

처서 – 어떻게 해야 열매를 익힐 수 있을까요?

여름은 열매라는 뜻입니다.

여름이 시작되는 때지만

망종은 까끄라기가 있는 풀들이 씨를 익혀 여름 속 가을을 맞고

하지는 무더운 여름을 알리며 해님의 사랑이 가깝고, 뜨겁게 느껴지는 때이지요.

해님의 뜨거운 사랑에 의해 아기 열매들은 제 모습 제 크기로 자라나지요.

밤은 밤 모양대로,

산수유는 산수유 모양대로,

사과나무 열매는 사과 모양대로,

도토리나무 열매는 도토리 모양대로

Tip 1

여름의 지혜

우리도 나이에 맞게 몸과 마음이 잘 자라고 있나요?
열매들은 자신을 키우는 해님을 닮아 둥근 모양이랍니다.
우리도 해님인 엄마와 아빠의 얼굴과 마음을 닮아가고 있답니다.

6월

햇볕은 쨍쨍 열매는 무럭무럭!
누리달

6월이 오면 숲은 밤꽃 향기로 가득 합니다!

울창한 숲속 친구들이 나에게 놀러 오라고 말하고 있네요.

곤충들과 바람의 도움으로 밤나무의 암꽃에는 귀여운 아기 밤이 생겼어요.
해님은 더 뜨거운 생명 사랑으로 아기 밤을 키워 주겠지요.

나뭇잎에게 허락받은  애벌레들이 연한 잎을 갉아 먹는 아삭아삭 소리가 여기저기서 크게 들리네요.

나무들은 애벌레들에게 연한 잎을 내어주고 앙상한 가지만 남기도 하지요.
하지만, 나무는 다시 새잎을 만들어 내어 씩씩하게 살아가네요.

Tip 2

6월의 지혜

나무가 자신의 몸을 내어주어 애벌레와 다른 생명을 살리듯이,
우리도 서로 사랑하는 마음으로 친구들을 배려하고 나누며
함께 살아가도록 해요.

유월에 익는 버찌로 놀기

팝콘 같던 벚꽃이 지고 노랗게, 붉게, 까맣게 익어가는 버찌!

이른 봄에는 겨울 동안 굶주린 새들에게 꽃눈과 잎눈을 먹이고 연한 푸른 잎은 애벌레도 먹여 살렸지요.

유월에는 해님이 잘 익힌 달콤 쌉쌀한 버찌 좀 먹어 볼까요?

새들이 무슨 맛으로 먹는지 우리도 맛을 보고 빈 통에 모아 뽕뽕이 붙여 만든 요술 방망이로 콩콩 찧어 물을 섞으면 보라색 물감이 되지요.

숲은 온통 스케치북이네요, 나무에, 나뭇잎에 얼굴도 그려주어요.

우리들의 손도, 얼굴도 스케치북이 되네요.

숲속은 예술하기 딱 좋은 곳이에요~ 버찌야 고마워!

소제목 재미있는 버찌 즙 놀이

활동목표 벚나무 열매인 버찌에 관심을 가진다.
버찌 즙을 이용해 다양하게 그려본다.

준비물 및 관련자료 버찌 담을 통, 버찌
나뭇가지 붓(나뭇가지에 작은 뽕뽕이 붙이기)

활동방법

① 벚나무 열매인 버찌를 통에 모은다.

② 모은 버찌를 찧는다.

③ 물을 조금 넣고 섞는다.

④ 버찌 즙으로 그림을 그린다.

확장활동 및 유의점

- 버찌 열매 색깔을 탐색하고 비닐에 넣어 문지른다.
- 버찌 즙을 이용해 바닥 돌멩이에 그림을 그린다.

■ 유의점

얼굴 꾸미기 할 때는 눈, 코, 입을 다지지 않도록 주의한다.

활동사진 순서

1. 버찌 모으기

2. 모은 버찌 찧기

3. 물 넣기

4. 그려 주기

완성 사진 및 확장 활동

앗!! 좀비다

손등에 화장하기

나비에 색칠하기

바닥 돌멩이에 그리기

단오에는 부채선물!!

본격적인 여름을 알리는 단오에는 부채를 선물을 해봐요.

박스종이를 둥글게 자르고 나무 한 그루가 되게 Y자 나뭇가지 붙여서 바람이 나오는 나무를 만들어요.

바람이 나오는 나무는 부채의 또 다른 이름!

전기를 덜 쓰고 나무 그늘의 시원함을 느낄 수 있는 부채를 뜻하지요.

내 엄지손가락을 닮은 아까시나무 동그란 잎을 붙이면 한 그루의 나무가 되네요.

손잡이가 긴 바람이 나오는 나무는 상대편에게 만 바람을 부쳐 줄 수 있어요.

친구야 시원하니?

손가락에 물감이나 버찌 즙을 찍어서도 표현할 수 있네요.

소제목 바람이 나오는 나무

활동목표 나뭇가지와 나뭇잎을 이용해 부채를 만든다.
시원하게 부채놀이를 즐긴다.

준비물 및 관련자료 골판지(동그라미, 네모 모양),
나뭇가지, 나뭇잎, 목공풀

*버찌를 이용해 그려보는 것도 좋다.

활동방법

① 자른 골판지에 나뭇가지를 꽂는다.

② Y 자를 나뭇가지처럼 보이게 그린다.

③ 한 그루의 나무가 되게 목공풀로 나뭇잎을 붙인다.

(버찌 즙을 이용해 그림을 그려도 좋다)

④ 나뭇가지를 꽂은 골판지에 나뭇가지가 빠지지 않게 목공풀을 바른다.

확장활동 및 유의점

- 목공풀 사용이 어려운 연령은 딱풀을 이용하거나 나뭇잎 모양 스티커를 이용한다.
- 버찌 즙을 이용해 그림을 그려본다.

활동사진 순서

1. 골판지에 나뭇가지 꽂기

2. Y자 그리기

3. 나뭇잎 붙이기

4. 골판지 사이에 목공풀 바르기

완성 사진 및 확장 활동

바람이 나오는 나무

네모난 나무도 있어요

친구야 시원하니?

우리 반 친구들 솜씨가 어때요?

아까시나무 그늘에서 놀아 보자

아! 가시다!!

어린 가지에 무시무시한 가시가 있는 아까시나무!

식물은 자신을 지키기 위해서 가시를 달고 있지만 우리들은 무섭지 않아요.

가시에 찔리지 않도록 조심히 가시 따서 혀끝에 침을 살짝 묻혀 콧등에 붙이면 나는야 코뿔소!

잎자루 아래를 두 손가락으로 잡고 훑어 올리면 꽃송이가 되어 하늘에 던져 날리고, 잎자루로 파마하고 왕관 쓰면 나는야! 숲속 왕자님!!

소제목 아까시나무로 놀이해요

활동목표 아까시나무에 관심을 가지고 탐색해 본다.

아까시나무 잎을 이용해 다양한 놀이를 즐긴다.

준비물 및 관련자료 아까시나무 잎

활동방법

① 잎으로 놀고 남은 아까시나무 잎자루를 (사진 1)처럼 잡는다.

② 위의 것을 뒤로 돌린다.

③ 돌려감은 것을 자신을 누르는 것처럼 감는다.

④ 계속 이어 간다.

확장활동 및 유의점

- 아까시나무 나뭇잎 인형을 만든다.
- 5월에 아까시 꽃 튀김을 해서 먹어본다.

■ 유의점

아까시 꽃은 공해가 덜한 곳에서 채취한다

- 아까시 잎자루를 잡고 아래부터 위로 쭉 잎만 모이도록 훑어 한 송이 꽃처럼 만들어 본다. (사진처럼 한 후 눈처럼 뿌려 본다)

■ 유의점

처음 소개 시 가시가 있음을 알려주어 활동 시 조심할 수 있도록 한다.

활동사진 순서

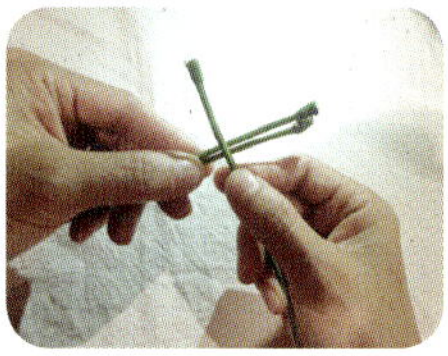

1. 사진처럼 잡기

2. 뒤로 돌리기

3. 돌려 감아 자신을 누르기

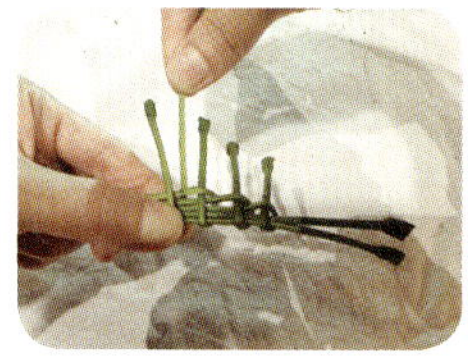

4. 계속 이어가기

완성 사진 및 확장 활동

숲속 왕자님과 공주님

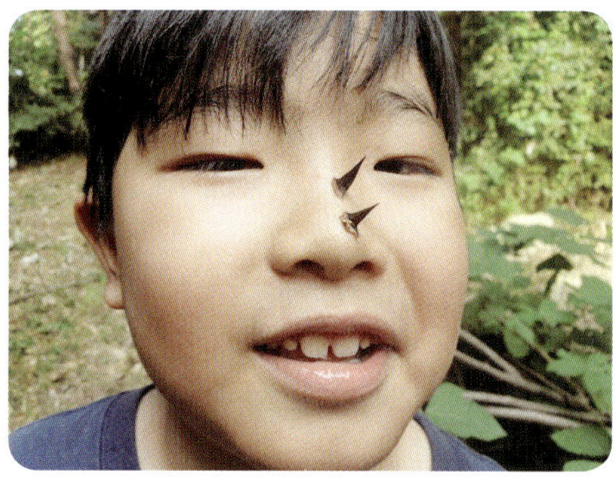

코뿔소

잎자루로 만든 지네

아까시 파마

노래하는 남자 매미

소서 더위 때는 매미 천국이지요.

큰소리로 노래해야 여자 매미에게 잘 보여 결혼을 할 수 있어요.

나는 건강한 유전자를 가지고 있어~라는 뜻으로 소리가 더 크게 나도록 배 속을 비우는 전략까지 쓰지요.

우리도 남자 매미가 되어 볼까요? 맴~ 맴~

돌멩이에 찰흙을 콩만큼 바르고 나뭇잎을 붙여서 매미를 만들어 보아요.

경쟁이 아닌 함께 사는 매미 마을로 놀러 오세요~

소제목 매미야 놀자~~~

활동목표 매미에 관심을 가진다.

다양한 자연물을 이용해 매미를 표현한다.

준비물 및 관련자료 찰흙, 나뭇잎, 열매, 돌, 나뭇가지

활동방법 ① 돌에 매미 날개를 붙일 자리에 찰흙을 바른다.

② 나뭇잎을 이용해 매미 날개를 붙인다.

③ 돌에 매미 눈 붙일 자리에 찰흙을 바른다.

④ 열매를 이용해 매미 눈을 붙인다.

확장활동 및 유의점

- 산책하면서 자연스럽게 돌 위에 나뭇잎을 올려 보며 매미를 만든다.
- 찰흙을 이용해 매미나 무당벌레 등을 만든다.

활동사진 순서

1. 돌에 찰흙 붙이기 (매미 날개 자리)

2. 나뭇잎으로 날개 표현하기

3. 열매로 매미 눈 표현하기

4. 매미 완성

완성 사진 및 확장 활동

커피 가루로 만든 매미

돌멩이로 만든 매미

행복한 매미 동네

풀잎과 꽃잎으로 만든 매미

7월

해님이 열매를 더위로
제 모양대로 키우는 빛방울달

더위는 해님의 사랑입니다!

여름은 왜 더울까요?

봄에 만든 아기 열매를 제대로 키우려고 여름은 뜨거운 것이지요.

더위가 없으면 열매가 자라지 않아요.

뜨거운 더위가 아기 열매 속으로 들어가면 아기 열매는 무럭무럭 자라서 해님을 닮은 자기 모양대로 커가지요.

더위가 열매를 키우고, 그 열매를 먹고 우리도 살아가니 여름엔 덥지 않으면 안 돼요.

뜨거운 더위가 있어 우리가 살아갈 수 있어요.

더위는 우리를 살리는 뜨거운 사랑이에요.

Tip 3

7월의 지혜

여름이 덥다고 짜증 내면 안 돼요.
우리를 살리는 더위를 즐겁게 맞이해 봐요~
생명 나눔 후에야 제 모습 제 크기로 자랄 수 있답니다.

토끼풀로 놀아요

어찌나 향기가 좋은지 꿀벌들의 놀이터가 되네요.

나도 코를 벌렁거리며 토끼풀꽃 향기에 취해 봅니다.

토끼풀아~ 내가 반지 하나 만들어도 되겠니?

토끼풀에게 허락을 맡고 꿀벌들의 눈을 피해 반지 하나 만들어 봅니다.

토끼풀꽃이 허락하지 않으면 이파리로도 반지를 만들 수 있어요.

여러 개를 빌려 화관을 만들어 써보고, 조팝나무의 가늘고 긴 꽃은 꺾지 않고 머리에 둘러 감아도 화관이 되지요.

사랑해라고 말하는 냉이 씨앗 주머니를 묶어도 화관이 되네요~

소제목 토끼풀로 놀아 볼까요?

활동목표 토끼풀에 관심을 가지고 탐색한다.
토끼풀로 다양한 놀이를 즐긴다.

준비물 및 관련자료 토끼풀 꽃과 잎

활동방법

① 토끼풀 줄기에 손톱으로 구멍을 낸다.

② 다른 토끼풀 꽃자루를 그 구멍 사이로 넣는다.

③ 꽃이 서로 만날 수 있도록 양쪽 끝으로 잡아당긴다.

④ 팔목에 묶어 본다.

확장활동 및 유의점

– 탐색한 후 아이들 옷에 테이프를 이용해 붙여보는 활동을 한다.

– 민들레 꽃으로도 활동을 진행해 본다.

– 위 방법대로 토끼풀을 여러 개 연결하여 화관을 만든다.

– 아까시 잎자루로 왕관 만드는 방법대로 화관을 만든다.

활동사진 순서

1. 토끼풀 줄기에 손톱으로 구멍 내기

2. 다른 토끼풀을 구멍 사이에 넣기

3. 꽃이 만나게 양 끝을 당기기

4. 팔목에 묶기

완성 사진 및 확장 활동

토끼풀 꽃과 잎이나 봉오리로 만들기

죽단화 가지를 꺾지않고 둘러 만든 화관

조팝나무 가지를 둘어 만든 화관

냉이 꽃대를 두른 화관

강아지 꼬리를 닮은 강아지풀로 놀기

강아지풀은 여름이 시작되면 만날 수 있어요.

강아지풀 이삭 하나 떼어 친구 목에 간지럼을 태우고, 수염을 만들어 영감도 되어 보고, 목걸이, 반지 만들어 멋쟁이 놀이를 하고 비행기로 변신시키기도 하며 신나게 놀아 볼까요?

아주 옛날 먹을 게 없던 시절에 강아지풀 이삭이 고마운 양식이 되기도 했다네요~

이삭을 털어 소꿉놀이도 해봐야겠어요!

소제목 강아지풀로 강아지를 만들어요.

활동목표 강아지풀에 관심을 가지고 탐색해 본다.
강아지풀을 이용해 다양한 놀이를 즐긴다.

준비물 및 관련자료 강아지풀

활동방법

① 두 강아지풀 이삭을 엇갈리게 잡는다.

② 반대편 이삭 쪽으로 감는다.

③ 끝까지 감은 이삭을 줄기 틈에 꽂는다.

④ 줄기를 잡고 양쪽에서 당긴다.

⑤ 다른 두 개의 이삭도 같은 방법으로 감고 끝에 1cm를 남기고 줄기 틈에 끼워 당긴다.

⑥ 먼저 감은 몸통 부분 앞쪽에 얼굴 부분 줄기를 끼운다.

⑦ 얼굴 반대 부분 쪽에 한 개를 끼워 꼬리를 만든다.

확장활동 및 유의점

- 강아지풀을 만져보며 느낌을 이야기한다.
- 자기 손등이나 얼굴에 강아지풀을 이용해 간지럼을 느껴본다.

- 강아지풀을 이용해 반지나 팔찌를 만들어 본다.

활동사진 순서

1. 이삭을 엇갈리게 잡기

2. 반대편 이삭 쪽으로 감기

3. 끝까지 감은 이삭을 줄기 사이에 꽂기 반대쪽도 같은 방법으로 감아 당기기

4. 1센티를 남기고 감아 줄기 끝을 잡고 양쪽에서 당기기

5. 다른 두 개의 이삭은 같은 방법으로 끝까지 감고 틈에 끼워 당기기

6. 먼저 감은 몸통에 얼굴 부분 줄기 끼우기

7. 얼굴 반대쪽에 꼬리 만들기

8. 완성

나무야! 예쁜 얼굴을 만들어 줄게~

가만히 서 있기만 해도 땀이 나는 대서의 더위!

나무들은 이렇게 더운데 놀러 온 우리가 고맙다고 방긋 웃어 주네요.

하지만 웃는 얼굴이 보이지 않아요~ 우리가 얼굴을 꾸며줄까요?

나무에게 덜 해롭고 바람이나 비에 씻겨 내려갈 수 있는 찰흙이나 돌가루로 만든 지점토를 사용해요.

부러진 나무에 얼굴을 만들어 주니 장승도 되네요!

시원한 나무 그늘에서 웃는 나무와 잘 놀다 갑니다~

소제목 나무의 표정은 어떨까요?

활동목표 나무에 관심을 가지고 탐색해 본다.

나무에 얼굴을 꾸며 보고, 함께 감상해 본다.

준비물 및 관련자료 산책에서 만나는 나무, 찰흙, 자연물

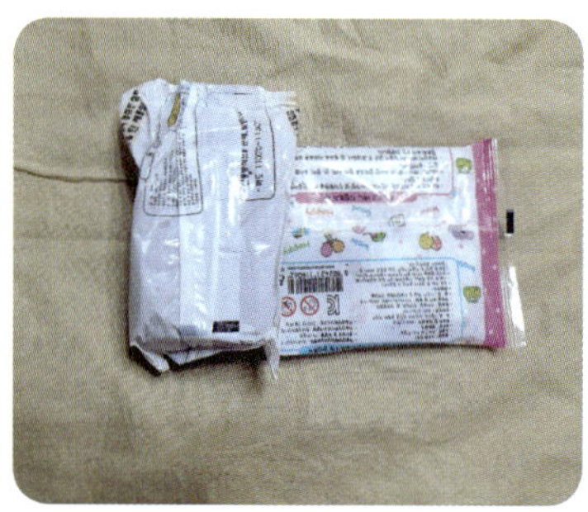

활동방법

① 나무에 찰흙을 이용해 얼굴을 표현한다.

② 찰흙 위에 다양한 자연물을 이용해 얼굴을 꾸며 본다.

③ 다양한 표정의 나무 얼굴을 함께 감상해 본다.

확장활동 및 유의점

- 두꺼운 나뭇가지가 있으면 그 나뭇가지를 이용한다.

- 미국자리공즙이나 버찌 즙으로 나무의 얼굴을 그려본다.

활동사진 순서

1. 찰흙으로 얼굴 표현하기

2. 자연물을 이용해서 표현하기

3. 다양하게 표현하기

4. 나무 얼굴 감상하기

완성 사진 및 확장 활동

인디언 추장처럼 꾸미기

나처럼 예쁜 치마를 입고!

자연물을 붙여 더욱 멋지게 꾸미기

우정 나무 꾸미기

돌멩이 스케치북

숲에서 놀다 보면 방긋 웃는 돌멩이들을 마주칠 때가 있지요~
다양한 크기와 모양의 돌멩이에게 내 마음을 표현해 주어요.
아크릴 물감으로 정성 들여~ 크레파스로 쓱쓱!!
주변의 자연물로 돌멩이의 모양대로 꾸며주어 표현도 하고~
넓은 돌멩이 판에 작은 돌멩이나 흙으로 그림도 그려보아요.

소제목 돌멩이에 그림을 그려볼까?

활동목표 돌멩이의 모양과 촉감에 관심을 가진다.
돌멩이에 그림을 그려보고, 함께 감상한다.

준비물 및 관련자료 돌멩이, 아크릴 물감, 연필, 붓, 자연물

활동방법
① 돌에 연필로 밑그림을 그린다.
② 물감으로 색칠한다.
③ 돌멩이 그림과 함께 자연물을 함께 전시한다.

확장활동 및 유의점

– 돌에 떨어진 나뭇잎이나 꽃잎을 이용해 과일(수박)을 만든다.

– 돌에 떨어진 나뭇잎이나 꽃잎을 이용해 나만의 작품을 만든다.

■ **유의점**

– 작은 크기의 돌을 입안에 넣지 않도록 주의한다.

– 돌멩이를 던지지 않기로 약속하고 활동한다.

활동사진 순서

1. 연필로 밑그림 그리기

2. 밑그림 그리기

3. 물감으로 색칠하기

4. 자연물과 전시하기

완성 사진 및 확장 활동

손톱만 한 돌멩이를 붙여 개구리 만들기

돌판에 돌멩이로 그리기

커다란 바위에 떨어진 꽃으로 꾸미기

바위에 얼굴 그려주기

8월

열매속에 햇살이 가득 차는
타오름달

가을 냄새가 나나요?

입추가 되어도 여전히 덥지요?

팔월에는 아직 뜨거운 더위가 남아 있지만,

소나기가 내리면 뜨거웠던 땅이 식어서 점점 가을이 다가오지요.

더웠던 땅이 식어가고 바람이 불어 가을을 준비하라고 알려주지요.

처서에는 시원한 바람이 가을이 눈앞에 다가옴을 느끼게 하네요.

하늘을 보면 하얀 뭉게구름이 떠 있고,

풀벌레 소리도 나기 시작하고,

열심히 노래하던 매미들도 모두 짝을 찾아 알을 낳고 내년을 준비하지요.

Tip 4

8월의 지혜

입추와 처서는 열매가 어떻게 자라고, 익어가는지를 알며,
다가올 가을을 잘 준비해야 하는 때입니다.
우리도 무엇을 키웠고, 무엇을 익힐지를 알아야 할 때입니다.

나만의 보물 만들기

돌가루에 종이 가루 섞어 만든 하얀 지점토를 내가 좋아하는 모양으로 빚어서 물을 바르고 나뭇잎이나 꽃을 붙여 목공풀로 코팅해서 말려볼까요?

반짝반짝하게 마른 모양에 줄을 길게 달면 목걸이가 되고, 짧게 해서 가방에 달면 가방 장식이 되네요.

가방에 달고 다니면서 내가 찾은 꽃이나 잎을 매일 볼 수가 있지요.

소중한 내 보물이에요~

소제목 꽃잎, 풀잎으로 놀이해 볼까요?

활동목표 지점토로 다양한 모양을 만든다.
꽃잎을 이용해 가방 고리를 만든다.

준비물 및 관련자료 지점토, 목공풀, 빨대, 물, 꽃잎, 풀잎, 마끈

활동방법 ① 지점토로 원하는 모양을 만든다.

② 빨대를 이용해 지점토에 구멍을 낸다.

③ 지점토에 물을 바른다.

④ 꽃잎이나 작은 나뭇잎을 붙인다.

⑤ 붙인 꽃잎 위에 목공풀을 바른다.

⑥ 마끈을 이용해 가방에 매단다.

확장활동 및 유의점

– 골판지를 둥글게 잘라 꽃잎이나 나뭇잎을 붙인 후 다시 목공풀을 덧발라 말린다.

– 돌이나 나무판에 목공풀을 바르고 잎을 붙인 후 다시 목공풀을 덧발라 말린다.

활동사진 순서

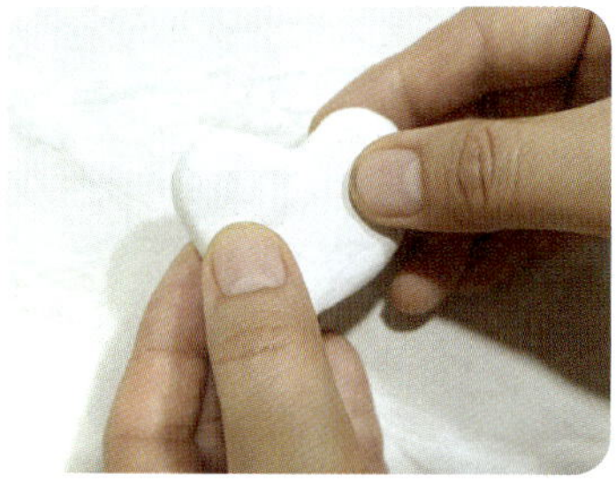
1. 지점토로 원하는 모양 만들기

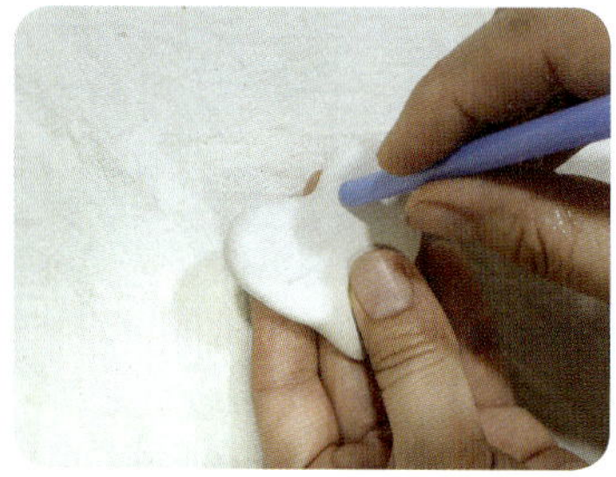
2. 빨대로 구멍 뚫기

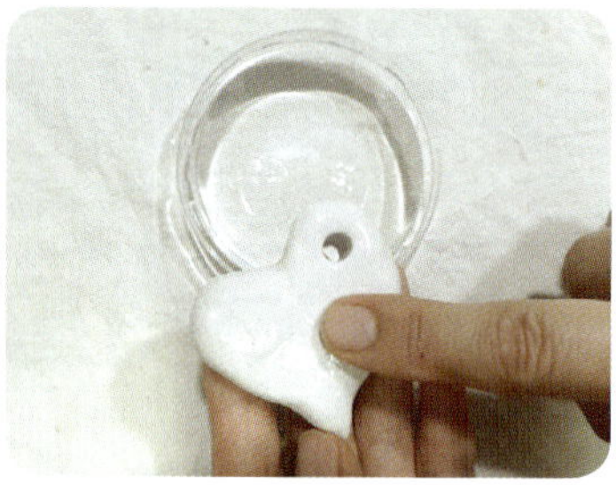
3. 지점토에 물 바르기

4. 꽃잎 붙이기

5. 꽃잎 위에 목공풀 바르기

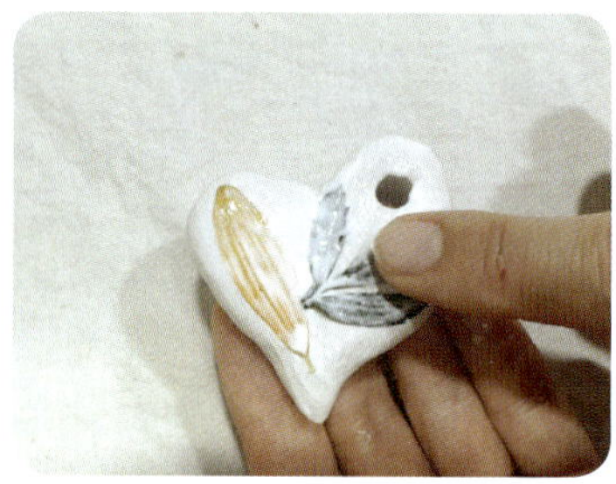
6. 목공풀 골고루 바르기

7. 마끈을 이용해 가방에 걸기

8. 완성

풀잎, 꽃잎으로 염색을 해보자

내 손수건은 내가 만들어 쓰지요~

손을 씻고 종이 타월보다 천으로 된 손수건을 사용해요.

손을 닦을 수건에 꽃잎, 풀잎을 쓱쓱 문질러 염색해서 나만의 손수건을 만들어요.

천으로 된 컵 받침에도 염색해서 엄마에게 선물하고, 나무판에도 염색해서 목걸이나 가방 고리로도 달고 다녀보자!

나는야~ 세상 멋쟁이!!

소제목 풀잎, 꽃잎으로 염색해 볼까요?

활동목표 풀잎, 꽃잎으로 염색하는 활동을 즐긴다.

준비물 및 관련자료 손수건, OHP 필름, 동전

자연물(풀잎, 꽃잎)

활동방법

① 평평한 곳에 손수건을 펴고 풀잎이나 꽃잎을 올려놓는다.

② OHP 필름을 덮는다.

③ 동전으로 문지른다.

④ 전체적인 디자인을 생각하며 다른 풀잎, 꽃잎도 같은 방법으로 한다.

확장활동 및 유의점

– 부모님 참여 수업 시 영아와 함께 활동해 컵 받침을 만든다.

– 손수건 대신 나무판을 이용한다.

활동사진 순서

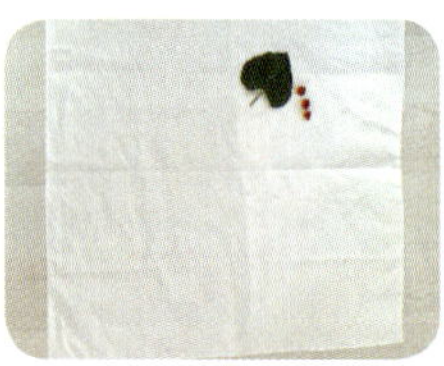

1. 손수건에 풀잎, 꽃잎 올려놓기

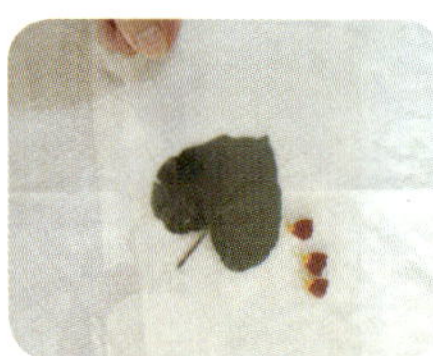

2. OHP 필름 덮기

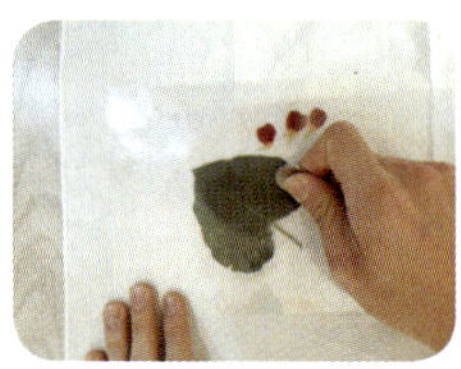

3. 동전으로 문지르기

4. 다른 풀잎, 꽃잎도 해 보기

완성 사진 및 확장 활동

내 손수건 어때요?

저는 뒷모습에 자신이 있어요

커다란 천에 커튼으로 꾸며보기

빨간 장미색 화려하네요

담쟁이덩굴로 놀기

덩굴들은 혼자 서 있을 수 없어 주변 친구의 도움이 필요하지요.

칡덩굴은 다른 나무를 감고 올라가서 나무의 부피 성장을 방해한다고 미움을 받기도 하고 담쟁이덩굴은 다른 나무나 벽을 감지 않고 발을 붙이고 올라가서 해를 덜 끼친다고 생각을 하지요. 또, 담을 덮고 올라가서 건물 온도를 낮추어 전기를 덜 쓰기 때문에 이산화탄소의 발생을 낮춘다고 해서 그린 커튼이라고도 하지요.

담쟁이덩굴 잎의 넓은 잎으로는 초록 왕관 만들고, 긴 잎자루로 작곡을 해보네요.

이파리 두 장 연결해서 구멍 뚫어 멋쟁이 선글라스도 만들고요,

공부할 때 천하장사도 무거워할 눈꺼풀을 잡아줄 졸음 방지용 개안기도 만들어 열공해 보아요!

소제목 담쟁이덩굴로 놀아요

활동목표 담쟁이덩굴에 관심을 가진다.
담쟁이덩굴을 이용해 다양한 놀이를 즐긴다.

준비물 및 관련자료 담쟁이덩굴, 가는 나뭇가지

활동방법

① 담쟁이 잎은 반으로 접는다.

② 3등분 하여 다시 접는다.

③ 모서리 부분을 반달 모양으로 자른다.

④ 가는 나뭇가지로 두 개를 연결한다.

확장활동 및 유의점

- 잎을 접어 가는 나뭇가지로 바느질하듯 연결해 왕관을 만든다.

- 반달 모양으로 자른 잎을 모아 잎과 담쟁이 잎줄기를 이용해 음표를 만들어 본다.

활동사진 순서

1. 반으로 접기

2. 3등분 하여 접기

3. 반달 모양으로 자르기

4. 가는 나뭇가지로 두 개를 연결하기

완성 사진 및 확장 활동

썬글라스 만들기

가면 만들기

숲속 멋쟁이 자매

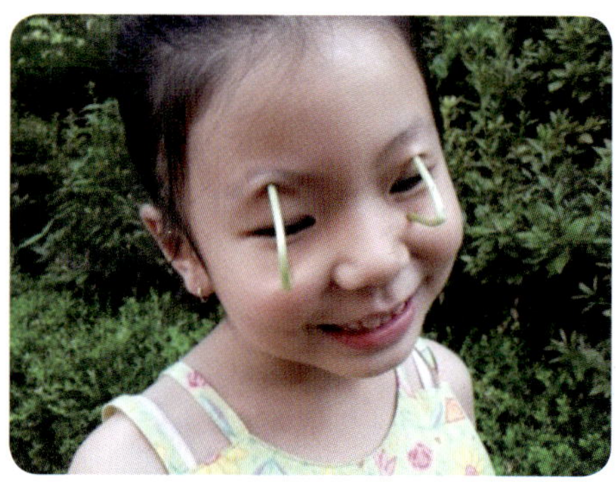

유빈이는 공부 중~

나뭇잎 머리핀으로 멋내기

오늘은 멋 부리기 좋은 날!

사랑해~라고 말하는 댕댕이덩굴 잎으로 머리핀을 꽂아보자.

숲 놀이하러 급하게 나오느라 모자를 안 쓰고 머리도 묶지 않고 오는 친구가 있지요? 그럴 땐 아이들이 편히 놀 수 있도록 나뭇잎과 가는 나뭇가지나 곰솔 잎으로 간단히 머리핀을 꽂아 주어요.

머리카락의 방해 없이 오늘도 신나게 놀다 가요.

자연의 선물을 받았으니 고맙다는 말도 잊지 마세요!

소제목 자연이 주는 선물~~ 나뭇잎 머리핀

활동목표 다양한 모양의 나뭇잎에 관심을 가진다.

나뭇잎과 가는 나뭇가지로 머리핀을 만들어 볼 수 있다.

준비물 및 관련자료 다양한 모양의 나뭇잎, 가는 나뭇가지나 솔잎

활동방법

① 머리에 나뭇잎과 가는 나뭇가지를 댄다.

② 바느질처럼 꽂아 올린다.

③ 가는 나뭇가지가 밖으로 나올 때까지 꽂는다.

확장활동 및 유의점

- 어린 연령은 선생님의 도움으로 머리핀을 꽂는다.
- 나뭇잎 머리핀을 친구와 가족, 선생님들에게 선물로 드려 본다.
  (감사의 마음 전하기)

활동사진 순서

1. 가는 나뭇가지를 나뭇잎에 대기

2. 바느질처럼 꽂아 올리기

3. 줄기가 밖으로 나올 때까지 꽂기

4. 완성

완성 사진 및 확장 활동

풀잎에 꽃으로 더 화려하게

단풍잎을 잘라 나비핀으로 꾸미기

단풍든 벚나무 잎으로 우아하게

칡잎으로 더 큰 핀을 꽂아보자

맛있게 익히는

열매를 맛있게 익힐 때야~

가을은 여름 동안 제 모양 제 크기대로 키운 열매를 잘 익히는 때이지요.

가을이라는 뜻은 '갈다' 라는 뜻이에요.

나뭇잎은 초록에서 다양한 색의 단풍으로 바꾸고,

열매는 봄에는 맺어지고, 여름에 제 크기로 키우고,

가을엔 맛있게 익히지요.

여름 열매는 나뭇잎과 같은 색으로 "나~찾아봐라~~!!"라고 숨바꼭질 하다가, 가을이 되면, 열매는 자신을 키운 해님을 닮은 붉은 모습으로 익어가며, 붉은색을 좋아하는 새들에게 "나는 맛있어~나를 먹어줘"라고 말을 하네요.

가을에 나무들은 추운 겨울을 대비해서

몸에 있는 물을 뿌리 쪽으로 내려보내 얼지 않게 준비를 하고

나뭇가지는 떨켜 층(나뭇가지에서 잎으로 물과 영양분이 가는 길을 막는 세포층)을

만들어 빨강, 노랑 단풍으로 아름답게 수를 놓네요.

Tip 1

가을의 지혜

가장 화려할 때 떠나는 단풍에서, 빨갛게 익어가는 열매들에게서, 제때를 알고 때에 맞게 살아가는 생명의 신비와 겸손한 배려를 배워봅니다. 단풍들은 낙엽 되어 떨어지면 숲 친구들의 이불이 되어주고 나무의 거름이 되어주고 우리들의 놀이터가 되어주며 우리에게 다양한 것을 보고, 느끼고, 배우게 하지요.

9월

해님이 찬 이슬로
열매를 잘 익히는 거둠달

아직은 낮 더위로 "덥다! 더워!"라는 말이 연신 나오네요

조금만 참으세요~

제 크기 제 모양대로 잘 자란 열매를 제대로 익혀야 하기 때문이니까요.

해님의 뜨거운 기운이 들어가야 열매가 제대로 익을 수 있어요.

그래서 낮은 아직도 덥지요.

백로와 추분의 밤에는 기온이 낮아지고 밤에는 낮 동안 데워진 땅과의 온도 차 때문에 맑은 이슬이 만들어지네요.

찬 이슬 찬 기운은 여름 동안 뜨거운 기운이 들어간 열매를 부드럽고 맛있게 익혀 주지요.

추분이 되니 비로소 가을이 왔음이 느껴지네요.

늦털매미가 울고, 단풍이 들기 시작하지요. 곧 겨울 철새들도 오겠지요.

Tip 2

9월의 지혜

우리도 나의 때에 맞추어 누구나 좋아할 수 있는, 매력적이고 탐스러운 햇볕과 생명 사랑이 가득한 열매를 익혀보아요.

봄에 씨앗을 심고, 여름에 제대로 잘 키웠으면 가을엔 익혀야 하는 때입니다.

무궁화 꽃 붙여 닭이 되어볼까?

한여름이면 무궁화를 만날 수 있지요.

하루 동안 피지만 꽃송이가 많아 끝없이 피는 것 같이 보여 무궁화라고 하지요.

봉오리는 태극기 깃봉에서도 볼 수 있어요.

살짝 지고 있는 꽃송이에게 미안하다고 말하고 다섯 개의 꽃잎을 떼어 내어 두꺼운 꽃자루 쪽을 손톱으로 가르면 나오는 끈적한 부분을 콧등과 턱에 붙이면 한 마리의 닭이 되지요.

손과 팔등에도 붙여서 공룡도 만들어 볼까요?

떨어진 꽃잎 주워 콩콩 찧어 보라색 물감을 만들어 놀아도 되네요.

소제목 무궁화 꽃으로 닭을 표현해 볼까요?

활동목표 무궁화 꽃에 관심을 가진다.
무궁화 꽃을 가지고 닭을 표현한다.

준비물 및 관련자료 무궁화 꽃

활동방법

① 두꺼운 부분을 가른다.

② 조금 더 벌린다.

③ 코와 턱에 붙여본다.

확장활동 및 유의점

- 어린 연령은 선생님의 도움으로 활동을 진행한다.
- 무궁화 꽃잎을 가지고 다른 동물도 표현해 본다.

활동사진 순서

1. 두꺼운 부분 가르기

2. 조금 더 벌리기

3. 코에 붙이기

4. 완성

완성 사진 및 확장 활동

팔에 붙여 공룡처럼

나 어때?

꼬꼬 닭 네 자매

나뭇잎 배에 내 마음 싣고 동동~

풀과 나무 중 풀을 더 닮았다는 대나무들도 여러 종류가 있지요.
숲길을 지나다 이대를 만나면 이대(볏과에 속한 대의 하나)에게 허락 맡고
이파리 하나 빌려 내 마음 태워줄 나뭇잎 배 만들어 보네요.
고인 물에 띄워서 후~ 불어서 누구 배가 멀리 가는지 내기하고,
꽃을 태우고 연못에 동동 띄워 소원 빌며 보내지요.
물 없이 숲 바닥에 나뭇잎과 돌멩이로 연못 만들어 놀아도 즐겁기만 하네요.

소제목 대나무 잎 배를 띄워 볼까요?

활동목표 대나무와 대나무 잎에 관심을 가진다.
대나무 잎으로 배를 만들어 활동해 본다.

준비물 및 관련자료 대나무 잎

활동방법

① 대나무 잎을 편다.

② 잎의 뾰족한 부분을 자른다.

③ 잎을 마주 접기를 한다.

④ 세로로 찢는다.

⑤ 찢은 세 개 중 바깥 부분에 있는 하나를 반대편에 끼운다.

확장활동 및 유의점

– 볼 그릇에 넓은 잎을 가위로 잘라 댓잎과 같은 방법으로 놀이한다.

– 비 오는 날 물 고인 웅덩이에 띄우고 입으로 불어 배를 움직여 본다.

활동사진 순서

1. 대나무 잎 펴기

2. 뾰족한 부분 자르기

3. 마주 접기

4. 세로로 찢기

5. 찢은 세 개 중 바깥 부분에 있는 하나를 반대편에 끼우기

6. 완성

완성 사진 및 확장 활동

웅덩이가 없으면 우리가 만들면 되지!

웅덩이에 띄우기

나뭇잎 그릇 만들기

한여름 숲에서는 다양한 초록이들이 뽐을 내지요.

어느 초록이 예쁜가 하고 여기저기 한참을 둘러 보니 내가 젤로 예쁘다며 뱀딸기들이 말을 거네요.

옆에 있던 칡잎 하나를 도르르 말아 나뭇가지 핀 꽂고 그릇으로 만들어 뱀딸기 담아 소꿉놀이하지요, 잘 익어 떨어진 매실을 주워서 콩콩 찧어 놀아도 재밌네요.

다가올 가을에는 낙엽으로 그릇을 만들어 새들이 먹다가 떨어뜨린 열매를 누가 많이 모으는지 놀이해도 되겠지요?

소제목 나뭇잎 그릇을 만들어 보아요

활동목표 다양한 나뭇잎에 관심을 가진다.
나뭇잎을 가지고 그릇 모형을 만든다.

준비물 및 관련자료 다양한 모양의 나뭇잎, 가는 나뭇가지

활동방법

① 나뭇잎을 세모 모양으로 접는다.

② 맞은 편도 세모 모양으로 겹쳐 접는다.

③ 가는 나뭇가지로 겹쳐진 부분을 바느질한다.

확장활동 및 유의점

– 선생님이 만든 나뭇잎 그릇에 다양한 자연물을 담아 본다.

– 만든 나뭇잎 그릇에 주변에 열린 열매를 담아 새에게 선물한다.

활동사진 순서

1. 세모 모양으로 접기

2. 맞은 편도 세모 모양으로 겹쳐 접기

3. 가는 나뭇가지로 겹쳐진 부분 바느질하기

4. 완성

완성 사진 및 확장 활동

칡잎 그릇에는 산딸기를 담아보자

쪽동백 잎에는 뱀딸기를 담아보자

버찌를 담아 숲속 식탁을 차려 보자

플라타너스 잎에는 산사나무 열매를 담아보자

환삼덩굴 잎으로 디자인해 드릴게요~

숲 입구 쪽 길 아닌 곳으로 들어가면 내 발목을 잡는 까칠한 친구가 있지요.

외래 식물이라 미움을 받을 때도 있지만 네발나비의 먹이식물이기도 하고 마른 덩굴은 성체로 겨울을 나는 곤충들의 소중한 집이 되어주는 고마운 환삼덩굴이지요.

우리 곁에서 너무 흔해서 고마움을 모를 수도 있지만, 잎의 모양이 별을 닮아 예쁘기도 하지요~

밋밋한 내 옷에 별을 달아 디자인해 볼까요?

환삼덩굴 잎은 까칠한 갈퀴가 있어 조심히 살짝 떼어 붙이기만 하면 잘 붙거든요. 어때요? 이제부턴 나도 디자이너예요.

가을에 보풀이 있는 옷에 알록달록 단풍잎을 붙여도 재미있어요~

소제목 우리는 디자이너

활동목표 환삼덩굴 잎에 관심을 가진다.
환삼덩굴 잎을 가지고 옷에 무늬를 표현한다.

준비물 및 관련자료 환삼덩굴 잎

활동방법

① 환삼덩굴 잎 뒷면에 있는 갈퀴를 확인한다.

② 옷에 붙여본다.

③ 디자인을 생각하여 옷에 붙여 본다.

확장활동 및 유의점

- 교사의 앞치마에 함께 붙여본다.
- 디자인한 옷을 친구들과 함께 감상한다.
- 갈퀴덩굴로도 꾸밀 수 있다.

활동사진 순서

1. 뒷면에 있는 갈퀴 확인하기

2. 옷에 붙이기

3. 디자인을 생각하며 옷에 붙이기

4. 완성

완성 사진 및 확장 활동

밋밋한 옷을 화려하게 꾸며주어요

속에 입은 옷에도 꾸며요

갈퀴덩굴로도 꾸밀 수 있어요

털옷에 단풍잎으로도 꾸며요

내 옷이 더 멋지지?

꼭두서니로도 꾸밀 수 있어요

10월

해님이 서리 내려
계절을 크게 바꾸는 온누리달

한로에는 열매들이 맛있게 잘 익어가고 있고,

상강에는 몸에 있던 물을 뿌리 쪽으로 내려보내어 예쁜 단풍이 들게 하지요.

빨간색 단풍은 초록 잎 속에 숨겨두었던 안토시아닌,

노랑 단풍은 클로로필,

갈색 단풍은 탄닌이

자신의 색을 드러내어 아름답게 뽐내고 있네요.

시월엔, 숲속 친구들이 바빠지네요.

추운 겨울을 지낼 준비를 제대로 해야 하니까요.

지렁이들은 땅속으로 깊이 들어가고,

늦털매미들은 추워지기 전에 짝짓기하려고 큰소리로 노래하고,

곤충들과 거미들도 알을 낳고 내년을 준비하기 위해 바쁘네요.

어서어서 서둘러야 해요.

더 늦으면 기온이 떨어져 땅이 얼고 몸도 얼어버릴 테니까요~

Tip 3

10월의 지혜

다양한 단풍의 색깔처럼 우리들이 익힐 열매도 다양하지요.
탐이 날 만큼 맛있게 익혀서 나누고 베풀어 보자!

거미줄 놀이

무당거미들은 바쁘네요.
추위가 오기 전에 알을 낳고 내년을 준비해야 하기 때문이에요.
집을 짓고 사는 정주성 거미인 무당거미는 혼인색을 만들어 결혼하자고 말을 하지요.
짝짓기에 성공한 암컷 거미는 하얀 실타래 같은 알집을 주변 나무껍질에 만들어요.
알집은 겨울 동안 얼지 않고, 새들의 공격을 받지 않아야 봄을 맞을 수 있네요.
우리도 거미가 되어 거미줄을 만들어 볼까요?
지끈, 털실, 덩굴로, 어떤 끈이라도 거미줄을 만들 수 있지요.

소제목 거미줄을 만들어 볼까요?

활동목표 거미줄에 관심을 가진다.
나뭇가지와 지끈을 이용해 거미줄을 표현한다.

준비물 및 관련자료 나뭇가지, 지끈

활동방법

① 한 개의 나뭇가지 가운데에 지끈을 묶는다.

② 나뭇가지 2개를 이용해 X자 모양을 만들어 잡는다.

③ 3개의 나뭇가지가 겹치는 부분을 지끈으로 고정한다.

④ 바로 옆 나뭇가지부터 한 바퀴 돌려 감는다.

⑤ 계속 돌려가며 감는다.

⑥ 거미줄 형태가 나오면 마무리한다.

확장활동 및 유의점

– 거미줄에 사는 거미를 자연물을 이용해 표현한다.

– 거미를 자연물을 이용해 만들어 본 후 만든 거미줄에 붙여본다.

(교실 모빌로 전시하면 좋다)

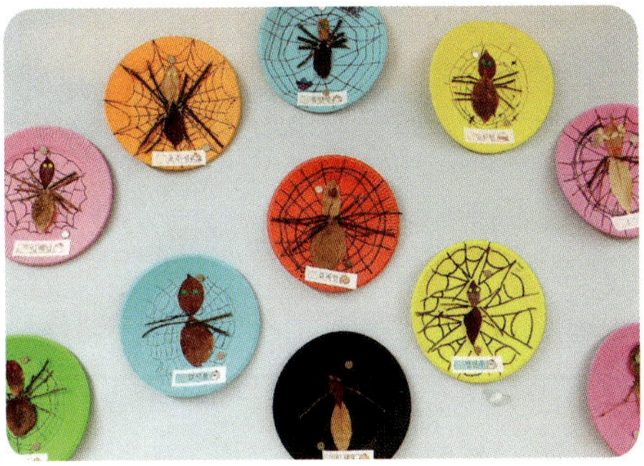

활동사진 순서

1. 지끈을 가운데에 묶기

2. X자 모양으로 잡기

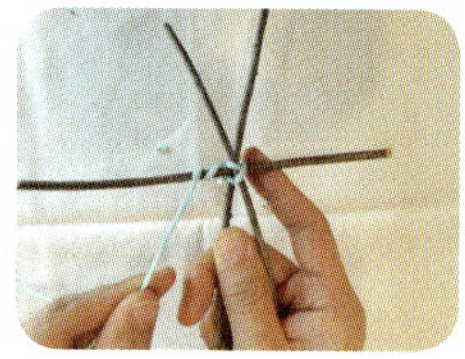
3. 3개의 나뭇가지가 겹치는 부분을 지끈으로 고정하기

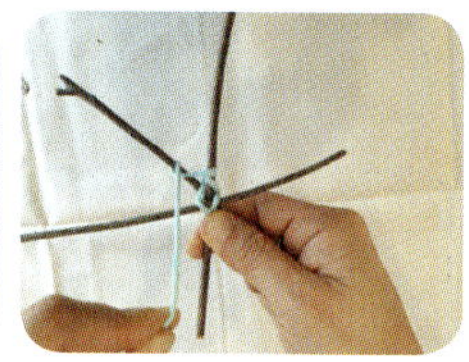
4. 바로 옆 나뭇가지에 한 바퀴 돌려 감기

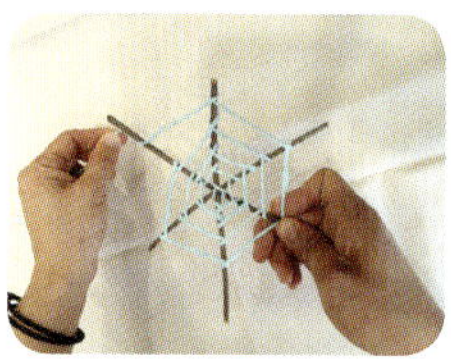
5. 계속 돌려가며 감기

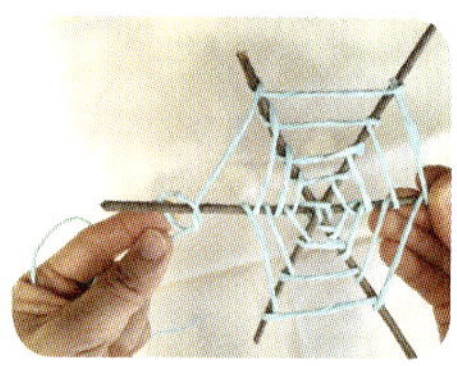
6. 거미줄 형태가 나오면 마무리하기

완성 사진 및 확장 활동

댕댕이덩굴로 만든 거미줄

바닥에 만든 거미줄

털실로 만든 거미줄

도토리 요정으로 변신!!

마음이 넓은 진짜 나무! 참나무!!

참나무 육 형제는 커다란 키로 들판을 내려다보며 자라지요.

들판에 풍년이 들면 도토리를 조금 매달고, 흉년이 들면 도토리를 많이 매달아 사람들과 숲 친구들을 먹여 살린다고 하네요.

도토리의 꿈은 무엇일까요?

엄마 나무처럼 커다란 참나무가 되는 꿈을 이룰 수 있도록 도토리를 도와줄까요?

겨울잠 준비하는 다람쥐, 겨울잠을 자지 않는 어치와 청설모, 도토리묵을 만들려는 사람들 눈을 피할 수 있도록 찰흙 속에 숨겨 요정으로 변신시켜 주어요.

아무도 모르겠지요?

소제목 도토리 요정을 만들어볼까요?

활동목표 도토리의 꿈이 무엇인지 이야기해 본다.
커다란 참나무가 되고 싶은 도토리의 꿈을 이룰 수 있도록 도와준다.

준비물 및 관련자료 도토리, 찰흙

활동방법

① 찰흙을 빚은 후 도토리를 올려놓는다.

② 도토리를 찰흙 속에 숨긴다.

③ 도토리를 숨긴 찰흙을 동그랗게 빚는다.

④ 도토리가 가장 행복하게 꿈을 이루며 싹을 틔울 만한 곳에 자리를 잡는다.

확장활동 및 유의점

- 도토리 뚜껑을 손가락 끝에 씌우고 우리 가족을 표현해 본다.

- 도토리와 도토리 뚜껑에 송곳으로 구멍을 뚫고 이쑤시개를 꽂아 팽이를 만들어 놀이한다.
- 도토리의 꿈 동요도 불러 본다.

활동사진 순서

1. 찰흙을 빚어 도토리 올리기

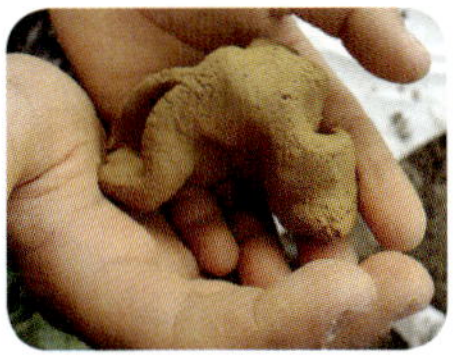

2. 도토리를 찰흙 속에 숨기기

3. 동그랗게 빚기

4. 도토리가 꿈을 꿀 수 있도록 좋은 자리에 놓기

완성 사진 및 확장 활동

참나무를 지키는 요정

도토리가 들어있다는 것을 아무도 모르겠지?

내 속에 도토리 들어있다

도토리야 사랑해!

부엉이 액자를 만들어 볼까?

서리요정이 오기 시작하면 나무들은 몸속에 있던 물을 뿌리로 내리기 시작하지요.

나무들이 떨켜(낙엽이 질 무렵 잎자루와 가지가 붙은 곳에 생기는 특수한 세포층) 층을 만들어 잎으로 가는 물과 영양분을 차단하니 단풍이 들어 낙엽되어 떨어지네요.

벚나무잎으로 부엉이 한 마리 만들어 박스 종이나 색깔 종이 접시에 붙여 액자로 만들어 보아요.

하지만 조심하세요~ 부엉이는 육식을 하는 맹금류라 부리와 발톱이 날카롭거든요!

소제목 부엉이 액자를 만들어 볼까요?

활동목표 나뭇잎과 나뭇가지를 이용해 부엉이 액자를 만들어 본다.

준비물 및 관련자료 나뭇잎, 나뭇가지, 종이 접시, 목공풀, 종이 눈 스티커

활동방법

① 나뭇잎을 세로로 반을 접고 잎자루 쪽으로 45도 방향으로 자른다.

② 자른 잎을 펴고 가로로 앞쪽으로 접는다.

③ 접었을 때 잎자루 끝이 닿는 아래쪽 잎을 손톱으로 뚫고 잎자루를 꽂는다.

④ 눈 스티커를 붙이고 부엉이가 나뭇가지에 앉아 있듯이 나뭇가지를 꽂는다.

⑤ 종이 접시 가장자리에 단풍잎을 뜯어 붙인다.

⑥ 만든 부엉이를 종이 접시에 가운데 붙인다.

확장활동 및 유의점

– 다양한 크기의 부엉이를 만들고 자연물과 함께 전시한다.

– '부엉이 마을'이라고 협동작품으로 진행해서 교실에 전시한다.

– 종이 눈은 아이들이 직접 그리면 감정이 다양하게 느껴진다

활동사진 순서

1. 반을 접고 45도 방향으로 자르기

2. 자른 잎을 펴고 앞쪽으로 접기

3. 아래쪽 잎을 손톱으로 뚫고 잎자루를 꽂기

4. 눈 스티커를 붙이고 나뭇가지에 앉아 있듯이 나뭇가지에 꽂기

5. 종이 접시 가장자리에 단풍잎을 뜯어 붙이기

6. 완성

완성 사진 및 확장 활동

색깔 종이 접시에 꾸며 전시하기

느티나무 잎으로는 나무에 앉아 있는 것처럼

비닐에 낙엽을 넣어 부엉이 만들기

내 친구얼굴 꾸미기

새들아 맛있게 먹어~

새들은 봄에는 꽃을, 여름엔 애벌레를, 가을에는 '나를 먹어줘~ 나는 맛있어!' 라고 말하는 빨간 열매를 먹지요.

열매들은 새들이 좋아하는 빨간색으로 익어 새들의 따뜻한 배 속에 들어갔다 나와 발아율을 높이는 전략을 가지고 있지요.

새들은 추운 겨울에는 먹이가 부족해 살아가기 힘들어져요.

겨울을 잘 지내라고 밥 한번 대접해볼까요?

빈 그릇이나 계란판을 잘라 다양한 열매들을 종류별로 모아 도토리 뚜껑이나 나뭇잎 그릇, 오목한 돌멩이에도 담아 한 상 차려 보아요.

소제목 새와 동물들의 밥상을 차려 보아요

활동목표 새와 동물들을 위해 열매를 가지고 밥상을 차린다.

준비물 및 관련자료 나뭇잎, 도토리 모자, 돌멩이, 다양한 열매

활동방법

① 새들이 올 만한 곳에 나뭇잎 그릇과 도토리 모자, 돌멩이를 준비한다.

② 나뭇잎 그릇에 모아온 열매를 담아본다.

③ 새들이나 동물들이 좋아할 열매를 맛있게 보이도록 차려 본다.

확장활동 및 유의점

- 새들이 많이 오는 곳에 곡식류를 가지고 새에게 줄 밥상을 함께 차린다.

- 새나 동물들이 자주 올 것 같은 곳에 다양한 열매로 밥상을 차린 후 시간을 두고 관찰한다.

활동사진 순서

1. 나뭇잎 그릇과 도토리 모자, 돌멩이 준비하기

2. 나뭇잎 그릇에 모아온 열매 담기

3. 새들이나 동물들이 좋아할 열매를 맛있어 보이게 차리기

4. 완성

완성 사진 및 확장 활동

화려한 나뭇잎 접시에 차리기

개인 접시에 덜어 먹어요

새들이 좋아하는 빨간 열매를 차려주어요

먹고 싶은 것 덜어 먹기

11월

해님이 나뭇잎 떨어뜨리며
겨울을 준비하는 눈 마중달

추운 겨울이 옵니다~

입동은 나무들이 아름다운 단풍잎을 모두 떨어뜨리며

곧 추운 겨울이 오니 제대로 단단히 준비하라 하네요.

소설에는 땅도 얼고 첫눈과 얼음이 얼기 시작할 테니까요.

겨울을 준비하는 나무들은 지금까지 가지고 있던

화려한 꽃잎,

푸른 이파리,

풍성한 열매도 모두 내려놓지요.

그래야 추운 겨울 동안 자신을 지켜내며 새봄을 준비할 수 있고,

다른 생명도 살릴 수 있기 때문이지요.

나뭇잎 이불 속에 어떤 곤충이 겨울을 준비하고 있을까요?

나무도, 풀들도, 동물들도 겨울잠에 들어가고 있네요.

Tip 4

11월의 지혜

잠깐!! 아무 준비 없이 겨울잠을 자려고 하나요?
겨울을 제대로 준비하지 않고 겨울잠을 자면 새봄을 맞이할 수 없답니다.

미소짓는 나뭇잎

입동은 곧 추운 겨울이 오니 단단히 준비하라 하네요.

그 소리를 들은 나무들은 얼지 않으려고 가지와 줄기 속 물을 뿌리로 보내고 있네요.

새순으로 다양한 초록색으로, 또 시원한 그늘이 되어준 고마운 나뭇잎들!

나뭇잎들은 본래 자신이 가지고 있던 색을 내보여 단풍을 만들고 떠날 준비를 하겠지요? 우리에게 사랑을 나누어 주던 나뭇잎들에게 표정을 그려 주어요~

웃는 얼굴, 화난 얼굴, 삐친 얼굴! 다양한 표정을 그려요.

소제목 고마운 나뭇잎에 웃는 모습을 표현해 주어요

활동목표 우리에게 많은 사랑을 나누어 주는 고마운 나뭇잎에게 웃는 모습을 선물해 준다.

준비물 및 관련자료 나뭇잎, 약통에 담은 물풀,

흙(붉은 황토가 예뻐요)

여러 종류의 작은 열매들

활동방법

① 나뭇잎에 물풀로 눈, 코, 입을 그린다.

② 열매를 이용해 표현해 본다.

③ 흙을 뿌린 후 털어 낸다.

확장활동 및 유의점

– 미국자리공즙으로 얼굴을 표현하거나 눈, 코, 입 스티커를 이용해 본다.

– 버찌 즙을 이용해 나무와 나뭇잎에 웃는 모습을 표현해 본다.

활동사진 순서

1. 물풀로 눈, 코, 입 그리기

2. 열매를 이용해 표현하기

3. 흙을 뿌린 후 털어내기

4. 완성

완성 사진 및 확장 활동

역광을 이용해서 더욱 맑아 보이게 전시

나무에게 편지를 쓰듯이

버찌 즙으로 그리기

미소짓는 신갈나무

돌멩이 얼굴 그리기

미국자리공즙으로 그린 얼굴

빼빼로 데이~

11월 11일을 빼빼로 데이라고 하지요?

빼빼로 회사가 빼빼로 많이 팔아 부자 되는 게 배가 아파 가래떡 데이라고도 하고요.

아무렴 어떻습니까? 재밌게 놀면 되지요.

땅은 얼었지만 흙을 살살 긁어모아 마음에 드는 나뭇가지에 물을 묻히고 흙에 뒹굴 뒹굴 굴려 말리면 빼빼로가 되네요.

소제목 빼빼로를 만들어 볼까요?

활동목표 나뭇가지로 빼빼로 모형을 만든다.

준비물 및 관련자료 나뭇가지, 감자 칼, 물이 담긴 물통, 흙

활동방법

① 감자 칼로 나뭇가지의 껍질을 깎는다.

② 나뭇가지에 물을 묻힌다.

③ 흙가루를 묻힌다.

④ 뒹굴뒹굴 흙을 묻힌다.

⑤ 해가 좋은 곳에 말린다.

⑥ 빼빼로 가게 놀이를 한다.

확장활동 및 유의점

- 교사와 함께 산책을 하며 빼빼로나 가래떡에 초코가 묻은 것처럼 보이는 나뭇가지를 찾아본다.

- 개인 나뭇잎 접시에 담고 함께 빼빼로 가게 놀이를 한다.

활동사진 순서

1. 감자 칼로 나뭇가지의 껍질 깎기

2. 나뭇가지에 물을 묻히기

3. 흙가루 묻히기

4. 뒹굴뒹굴 흙 묻히기

5. 해가 좋은 곳에 말리기

6. 완성

완성 사진 및 확장 활동

과자가루를 묻힌 빼빼로

초콜릿이 발린 빼빼로

빼빼로 하나 맛을 볼까나?

미국자리공즙을 발라 달콤하게~

이뻐져라! 요술봉 만들기

완연한 가을, 나무들은 패션쇼가 한창이네요.

나무들은 초록잎 속 숨겨두었던 본성을 드러내어 자신만의 옷을 뽐내지요.

알록달록 꽃가루처럼 떨어져 있는 단풍잎 주워 나뭇가지에 묶어서 예뻐져라!! 멋있어져라~ 마법 놀이를 해요.

어떤 나뭇잎이라도 가능하고, 단내가 나는 계수 나뭇잎은 막대사탕이 되고 나뭇가지를 길게 하면 화살도 되고, 창도 되어 재밌는 시간이 될 수 있어요.

소제목 이뻐져라~ 멋있어져라~ 요술봉

활동목표 다양한 나뭇잎을 모아 나만의 요술봉을 만들어 본다.

준비물 및 관련자료 나뭇잎, 나뭇가지, 마끈

활동방법

① 단풍잎을 차곡차곡 모은다.

② 모은 단풍잎을 나뭇가지에 대고 묶는다.

③ 단단하게 묶어 고정한다.

확장활동 및 유의점

- 영아들의 경우는 안전을 고려해서 나뭇가지 대신 스티로폼 백업을 이용한다.
- 가는 나뭇가지에 나뭇잎을 차례대로 꽂아 나만의 요술봉을 만들어 본다.

활동사진 순서

1. 단풍잎을 차곡차곡 모으기

2. 모은 단풍잎을 나뭇가지에 대고 묶기

3. 단단하게 묶기

4. 완성

완성 사진 및 확장 활동

벚나무 잎으로는 화살처럼!

은행잎으로는 장미꽃 요술봉이 되고!

계수나무 잎으로는 막대사탕처럼~

일본목련잎은 창이 되고!

내가 누구게? 나뭇잎 가면 만들기

우리들의 얼굴과 성격이 다른 것처럼 나뭇잎들도 다양한 모양과 크기로 같은 것이 하나도 없지요~

커다란 낙엽으로 가면 놀이해 볼까요?

내가 누군지 아무도 모르겠지요?

질겨서 구멍이 안 뚫어지면 조심조심 가위로 잘라서 뚫어도 되어요.

소제목 내가 누구게~?

활동목표 나뭇잎과 나뭇가지로 가면을 만들어 본다.

준비물 및 관련자료 나뭇잎, 나뭇가지

활동방법

① 눈 부분을 접어서 둥글게 자른다.

② 다시 펴서 나뭇가지로 입 부분에 크게 한 땀 바느질한다.

③ 바느질한 구멍에 나뭇가지를 끼운다.

확장활동 및 유의점

- 나만의 가면에 스티커를 붙여 꾸며 본다.
- 나뭇잎을 나뭇가지에 꽂아 깃발로 만들어 본다

- 나만의 가면에 물감이나 다양한 재료를 가지고 꾸며 본 후 '가면 패션쇼' 활동으로 전개한다.

활동사진 순서

1. 눈 부분을 접어서 둥글게 자르기

2. 다시 펴서 나뭇가지로 입 부분에 크게 한 땀 바느질하기

3. 바느질한 구멍에 나뭇가지 끼우기

4. 완성

완성 사진 및 확장 활동

떨어진 일본목련 잎으로 만든 가면

밤꽃으로 더욱 화려하게 꾸미기

플라타너스 잎으로 만든 가면

참나무 잎으로 만든 가면

겨우겨우 살아서~

새해 준비 제대로 하고 있니?

해님이 다시 살아나고 한해 마무리 짓는~ 12월~

대설 – 눈 속에 담긴 의미는 무엇일까요?

동지 – 한해를 어떻게 마무리할까요?

해님이 센 추위로 힘찬 생명 씨앗 만드는~ 1월~

소한 – 추위는 왜 있을까요?

대한 – 추위를 어떻게 보내야 할까요?

해님이 봄바람, 봄비로 봄을 준비하는~ 2월~

입춘 – 봄을 어떻게 맞을까요?

우수 – 봄은 어떻게 준비하나요?

겨우겨우 살아서 겨울이라는데~

겨울은 겨우겨우 살아 간다라는 뜻이 있지요.

그만큼 숲 친구들에게는 지내기 힘든 계절이에요.

땅이 얼기 전 땅속으로 들어가서 겨울잠을 자야 하지요.

번데기로, 알로, 성체가 되어 겨울을 지내기도 하고,

또는 겨울잠을 자지 않는 친구도 있지요.

각자의 전략으로 겨울을 준비하지요.

제대로 준비를 해야만 봄을 맞이할 수 있기 때문이에요!

Tip 1

겨울의 지혜

추운 겨울은 왜 있을까요?
추위 속에서 생명은 더욱 강하고 단단해지기 때문이지요.
추울수록 봄을 그리워하는 힘은 강해지고
새봄이 왔을 때 힘차게 싹을 내고 꽃을 피울 수 있답니다.

12월

해님이 다시 살아나고
한해 마무리 짓는 맺음달

함박눈이 오는 대설이에요

눈은 땅을 포근하게 덮어서, 씨앗 속 생명을 얼어 죽지 않게 감싸지요.

햇볕이 눈을 녹이면 씨앗에게 생명수가 되어주기도 하고,

낙엽 속에서 한겨울을 맨몸으로 나는 벌레들의 따뜻한 눈 이불이 되어주지요.

동지는 한해 24절기의 최종매듭을 짓는 때이지요.

봄에는 올해 키울 씨앗을 심었고,

여름에는 제대로 키웠고,

가을에는 향기롭고 맛있게 익히고,

겨울에는 응축해서 다시 올 봄을 기대하며 새로운 씨앗을 준비해야 해요.

Tip 2

12월의 지혜

동지는 한 해의 끝이며 시작입니다.
마음의 빚, 물질의 빚을 모두 갚고, 새해에 어떤 씨앗을 심고 키울지 준비를 해보아요!

눈사람이랑 놀아요

소설에는 첫눈이 내리고 대설에는 함박눈이 오는 때지요.
빈 화분에 눈이 쌓인 것을 보고 머리만 만들면 쉽게 눈사람을 만들 수 있겠다는 생각을 했지요. 눈을 모아 한 덩이로 뭉쳐 눈 온 화분에 얹으니 금방 눈사람이 완성 되네요.
눈 오는 날 바람이 불면 나무 기둥이나 바위의 한쪽 방향에 눈이 쌓이지요.
가장자리를 쓱~ 쓸어내고 꾸며줘도 새로운 눈사람이 되네요.

소제목 눈사람이랑 함께 놀아요.

활동목표 자연물을 이용해 눈사람을 만든다.

준비물 및 관련자료 빈 화분, 작은 열매나 나뭇가지, 고무장갑

(가정이나 기관에 있는 빈 화분에 내린 눈)

활동방법

① 눈이 온 빈 화분을 모은다.

② 눈을 뭉쳐 얹는다.

③ 눈사람 모양이 되게 만든다.

④ 얼굴을 꾸민다.

확장활동 및 유의점

- 눈을 탐색해 보고 교사와 함께 눈사람을 표현한다.

- 나만의 작은 눈사람을 만들어 꾸며 보고 함께 감상한다.

활동사진 순서

1. 눈이 온 빈 화분 모으기

2. 눈을 뭉쳐 얹기

3. 눈사람 모양이 되게 만들기

4. 얼굴 꾸미기

완성 사진 및 확장 활동

바위나 나무에
바람의 방향에 따라 내린 눈을
바깥 부분을 털어내고 눈사람으로
표현해 본다

싱싱한 생선가게 놀이

가을날 숲에 갔더니 참나무 잎이 펄쩍펄쩍 뛰는 것처럼 느껴지지 뭐에요.

참나무 육 형제는 잎의 모양과 크기가 모두 다르거든요.

잎과 도토리가 가장 작은 졸참나무잎은 멸치로 보이고, 굴참나무는 잎이 길고 끝이 둥글어 조기로 보이고, 상수리잎은 두 장을 끼워 갈치를 만들 수가 있네요.

잎이 넓은 갈참나무잎과 떡갈나무잎은 광어를 만들 수가 있지요.

그리고 밤나무잎으로는 고등어를 만들어 생선가게 놀이나 낚시놀이를 하며 놀아보아요.

소제목 싱싱한 생선이 왔어요~

활동목표 나뭇잎의 크기와 모양에 따라 다양한 생선을 만든다.

준비물 및 관련자료 다양한 크기와 모양의 나뭇잎, 나뭇가지, 종이눈 스티커

활동방법

① 등뼈가 될 나뭇가지를 꽂는다.

② 아가미가 되도록 세모로 접는다.

③ 가는 나뭇가지로 아가미를 바느질한다.

④ 광어의 눈을 붙인다.

확장활동 및 유의점

- 교사와 함께 만든 생선으로 생선가게 놀이를 한다.

- 비닐과 돌을 이용해 작은 연못을 만들어 보고 나뭇잎 생선을 전시한다.(응용 : 물고기 낚시놀이 / 작은 연못 꾸미기)

활동사진 순서

1. 아가미가 되도록 세모로 접기

2. 나뭇가지로 아가미 바느질하기

3. 등뼈가 될 나뭇가지 꽂기

4. 눈 붙이기

완성 사진 및 확장 활동

물고기 낚시놀이

생선 가게놀이

연못 꾸미기 놀이

생선구이 놀이

숲속 왕자님, 공주님!

수분이 다 날아간 낙엽들은 눈이나 비가 오면 촉촉해지네요.
뾰족한 잎자루를 접어 넣고 가느다란 나뭇가지로 바느질해서 머리둘레에 맞게 쓰면 숲속 왕자님 되구요, 여자친구를 매만져주고 왕관 씌우면 공주로 변신하지요.
한여름 공원 주변의 삐죽이 자란 조팝나무는 박스 종이를 둥글게 말아 고정시키고 나뭇가지를 골에 꽂아주면 신라 시대 여왕이 되네요.
우리들에게 많은 사랑을 나누어 주었던 나뭇잎들의 사랑은 끝이 없네요~

소제목 숲에서는 내가 왕이다!!

활동목표 나뭇잎과 나뭇가지로 왕관을 만든다.

준비물 및 관련자료 나뭇잎, 가는 나뭇가지

활동방법
① 나뭇잎을 모아 나란히 접어서 나열해 본다.
② 가는 나뭇가지로 바느질하듯 고정한다.
③ 친구의 왕관을 꾸며 준다.

확장활동 및 유의점

- 교사와 함께 왕관을 만들어 보고 스티커를 이용해 꾸민다.

- 머리띠 만들기

활동사진 순서

1. 나뭇잎을 모아 나란히 접기

2. 가는 나뭇가지로 바느질하듯 고정하기

3. 친구 꾸며주기

4. 완성

완성 사진 및 확장 활동

비온 뒤 촉촉해진 일본목련잎으로 만든 왕관

참나무 잎으로 숲속 왕자님 놀이

부엉이 왕관

조팝나무 줄기를 골판지에 꽂아 만든 왕관

우리 반 나무를 지키는 요정

동지는 한해를 정리할 때지요.
우리 반 나무로 정해서 지켜주고 관찰했던 나무가 있었지요?
겨울을 잘 지내야 내년에 또 만날 수 있어요
우리들의 마음을 담은 요정을 만들어 나무를 지키게 해볼까요?
찰흙으로 요정을 만들고 주변의 자연물로 선물을 해주어요.
나무야 힘내고 잘 지내라~

소제목 우리 반 나무를 지키는 요정이예요~

활동목표 우리 반 나무를 지키는 요정을 만들어 겨울에 나무를 지키게 할 수 있다 .

준비물 및 관련자료 찰흙, 나뭇잎, 나뭇가지, 작은 열매 등

활동방법 (봄에 우리 반 나무를 정해서 한 해 동안 관찰하고, 우리 반 나무가 겨울에도 잘 지내서 행복한 봄을 맞이하도록 나무를 지켜주는 나무 요정을 만들어 본다)

① 찰흙으로 원하는 모양을 만든다.

② 나뭇가지에 꽂는다.

③ 열매로 얼굴을 꾸민다.

④ 우리 반 나무 앞에 전시한다.

확장활동 및 유의점

- 교사와 함께 우리 반 나무에 나뭇잎을 이용해 나무 이불을 선물해 준다.

- 나뭇잎을 가지고 우리 반 나무를 지키는 요정으로 꾸며 본 후 우리 반 나무의 나뭇가지에 꽂아 본다.

활동사진 순서

1. 원하는 모양 만들기

2. 나뭇가지에 꽂기

3. 열매로 얼굴 꾸미기

4. 우리 반 나무 앞에 꽂기

완성 사진 및 확장 활동

스트로브 잣나무의 송진에 붙여 꾸미기

요정을 만들어 꾸미기

밤송이로 우리 반 나무 지키기

나 대신 우리 반 나무를 지켜주는 요정

1월

해님이 센 추위로
힘찬 씨앗 생명 만드는 해오름달

추울수록 더욱 봄을 그리워해요!

대한이 소한 집에 가서 얼어 죽었다는 이야기가 있을 만큼 소한 추위도 만만치 않아요. 그래서 숲속 친구들은 겨울 준비를 제대로 하지 않으면 가장 견디기 힘든 때이지요.

하늘은 삼한 사온이라는 배려로 따뜻한 배려의 시간을 주네요.

추운 겨울 속에 따뜻한 봄을 그리워하고, 꿈꾸며 힘들게 추위를 견디게 되면 생명은 더욱 단단하고 강하게 되지요.

Tip 3

1월의 지혜

겨울은 나무들이 자랑스러워서 하는 꽃이나 잎과 열매를 모두 내려놓고 당당하게 살아가고 있듯이 우리도 나무처럼 다른 사람들에게 자신감 있고, 당당한 사람이 되려면 어떻게 해야 하는지 생각해보는 소한, 대한 절기를 맞이해요.

내 친구 만들기

우리들도 톱을 사용해 볼까요?

톱으로 나뭇가지를 잘라 감자 칼로 다듬고 매직으로 얼굴을 그려요.

도토리 모자씌우면 나의 걱정을 들어주는 인형이 완성되네요.

톱질이 어려운 친구들은 원하는 길이의 나뭇가지를 찾아서 만들면 되지요.

새 학년이 되는 걱정이나 친구 간의 문제도 털어놓고 이야기해요.

이 인형은 내 편이니까요~

소제목 내 이야기를 들어 주는 친구예요~

활동목표 내 이야기를 들어주는 친구를 만든다.

준비물 및 관련자료 나뭇가지, 톱, 감자 칼, 목공풀, 네임펜

작은 열매나 자연물

활동방법

① 톱으로 원하는 길이만큼 자른다.

② 감자 칼로 껍질을 깎는다.

③ 네임펜으로 얼굴을 그린다.

④ 전시한다.(내 이야기 들어주는 인형은 침대 맡에 두고 내 마음을 전하고 내 비밀을 아는 나만의 친구)

확장활동 및 유의점

- 교사가 감자 칼로 먼저 작업한 나뭇가지에 영아가 그림을 그리거나 스티커를 붙여본다.
- 내가 만든 나무인형에 이름을 지어 주고, 다른 친구들과 역할놀이를 한다.
- 만 5세인 경우 초등학교 갈 때 불안한 마음을 나무 인형에게 이야기해 본다.

활동사진 순서

1. 톱으로 원하는 길이만큼 자르기

2. 감자 칼로 껍질 깎기

3. 네임펜으로 얼굴 그리기

4. 완성

완성 사진 및 확장 활동

장승처럼 꾸며요

풀잎으로 옷도 입혀 주어요

나를 닮은 내 인형

숲 바닥에서 주워서 꾸미기

눈으로 놀이하기

가장 추운 절기 소한과 대한에는 눈이 제법 많이 오지요.
눈 오는 날은 신이 납니다.
시린 손을 호호 불며 눈을 뭉치고 낙엽을 콘처럼 말아
만들어 아이스크림 가게 놀이를 하고 좋아하는 모양을 만들어
우리 반 나무에게 선물을 하기도 하지요.
케이크도 만들고 눈 이불도 덮어 보네요.
눈이 와도 뛰놀다 보면 하나도 춥지 않아요~

소제목 눈으로 신나게 놀아볼까요?

활동목표 눈을 이용해 다양한 놀이를 즐긴다.

준비물 및 관련자료 눈, 나뭇가지, 고무장갑

활동방법

〈눈 사탕 만들기〉

① 눈을 원하는 모양으로 뭉친다.

② 나뭇가지를 꽂는다.

③ 다양한 모양을 만든다.

④ 바닥에 꽂는다.

확장활동 및 유의점

- 교사와 뭉친 눈에 자연물을 이용해 다양한 얼굴을 표현한다.

- 눈을 이용해 다양한 놀이를 한다.
  *눈 이불 덮어보기(완성 사진 참조)
  *눈 케이크 만들기(완성 사진 참조)
  *눈과 고드름 탐색하기(완성 사진 참조)
  *눈 아이스크림콘 만들기

활동사진 순서

1. 원하는 모양으로 뭉치기

2. 나뭇가지 꽂기

3. 다양한 모양 만들기

4. 바닥에 꽂기

완성 사진 및 확장 활동

눈 아이스크림 가게

눈 이불 덮어보기

눈 케이크 만들기

고드름 자랑

눈 온 바닥은 스케치북

눈이 내리기 시작하고 등산로에 눈이 쌓이기 시작하면 아이들은 바빠집니다.

저마다 나뭇가지를 들고 그림을 그리기 시작하네요.

아이들은 화가가 되어 저마다 신이 났네요.

크리스마스트리를 그리고 이름도 쓰고 아예 드러누워 온몸으로 천사를 그린다며 뒹굴어 봅니다.

사랑의 편지도 전해 보아요~

소제목 스케치북에 무엇을 그릴까요?

활동목표 하얀 눈 위에 자유롭게 그림을 그린다.

준비물 및 관련자료 나뭇가지

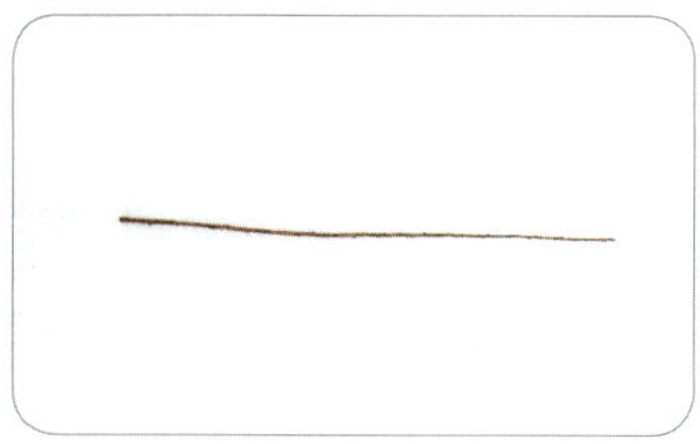

활동방법 ① 나뭇가지를 가지고 눈이 내린 곳에 모인다.

② 나뭇가지로 그림을 그린다.

③ 자유롭게 그린다.

확장활동 및 유의점

- 눈 위를 걸어 보면서 나와 친구들의 발자국 모양에 관심을 가진다.
- 눈에 낙엽이나 열매를 꽂아본다.

- 유아들의 작품을 사진으로 찍은 후 햇빛이 난 뒤 다시 가 보고 내 그림이 어떻게 변화되었는지 살펴본다.
- 키작은 나무에 동물찾기를 하며 놀아본다.

활동사진 순서

1. 나뭇가지를 가지고 모이기

2. 나뭇가지로 그리기

3. 자유롭게 그려보기

4. 완성

완성 사진 및 확장 활동

눈사람 그리기

내 이름 쓰기

크리스마스 그림 그리기

온몸으로 천사 그려보기

새들아~ 목마르지?

대한 절기는 너무도 추워 가을에 열매를 먹고 살던 새들은 추위와 먹이 걱정에 많이 힘들 때지요.

새들이 올 만한 곳에 열매를 담은 통을 놓아 줍니다.

눈이 녹아 다시 얼어붙어 대롱대롱 매달리네요.

새들이 맛있게 먹고 목도 축이면 좋겠어요.

얼음 덩어리를 감자 칼로 깎아 보석을 만들어 선물로 주네요.

새들이 너무 좋아하겠어요.

소제목 새들아~ 목마르지?

활동목표 새들이 목마르지 않도록 새들을 위해 작은 선물을 만든다.

준비물 및 관련자료 그릇, 물, 씨앗이나 열매, 끈

활동방법

① 그릇에 물을 담고 씨앗을 넣는다.

② 한쪽에 끈을 넣어 둔다.

③ 새들이나 동물들이 지나다닐 길목에 둔다.

④ 추운 겨울이라 물이 얼면 빼낸다.

⑤ 새들이 목을 축일 수 있도록 나뭇가지에 매단다.

확장활동 및 유의점

- 물에 솔방울 등을 넣어 솔방울 얼음을 만든다.
  (솔방울 얼음 사진 참조)
- 교사의 도움을 받으며 얼음을 감자칼로 다듬어 본다.(완성 사진 참조)

활동사진 순서

1. 그릇에 물을 담고 씨앗 넣기

2. 한쪽에 끈을 넣기

3. 잘 다니는 길목에 두기

4. 물이 얼면 빼기

5. 나뭇가지에 매달기

완성 사진 및 확장 활동

모빌처럼 걸린 새 모이

나뭇잎을 얼린 웅덩이

감자 칼로 깎은 얼음

내 얼음이 제일 크다!

2월

해님이 봄바람, 봄비로
봄을 준비하는 시샘달

따뜻한 바람으로 봄 맞을 준비하라는 입춘!

여전히 추위는 계속되고 있네요.

해님은 따뜻한 봄바람을 불게 하지만

땅은 아직 얼어서 차갑기만 하네요.

해님은 나무의 겨울눈을 간지럽혀 깨울 준비를 하지요.

하지만 마음 놓으면 안 돼요.

심술꾸러기 꽃샘추위가 있으니 조심하세요!

해님은 우수에 따뜻한 봄비를 불러 왔어요.

얼어있는 단단한 땅을 부드럽게 녹이고 새싹들을 땅에서 올라오게 하려구요.

겨울 철새들은 돌아갈 준비를 하고, 꾸꾸루 멧비둘기들이 봄이 오는 것을 알리면 산개구리, 도롱뇽들도 깨어날 준비를 하지요.

Tip 4

2월의 지혜

우리도 나만의 봄 준비를 세워 보아요~
봄은 제대로 맞을 준비를 하는 사람에게만 온대요.
누구에게나 봄은 오지만 아무에게나 오는 봄은 아니니까요!!

나무껍질 배 만들기

나무를 숲에 쌓아두면 이산화탄소를 잡아주어 지구온난화를 막아 주지요.
나무가 한그루 쓰러지면 버섯이 포자를 퍼뜨려 나무를 부드럽게 하고
딱정벌레류가 그 속에 알을 낳고 그 알이나 애벌레를 먹으러 오는 새들이 오고
그 새들을 먹으러 오는 육식 동물도 와서 풍요로운 숲이 되지요.
솔숲 걷다 보면 구멍 난 두꺼운 소나무 껍질을 볼 때가 있지요?
나뭇잎 한 땀 떠서 깃대 만들고 나무껍질 구멍에 끼우면 배가 되네요.
누구의 배가 빨리 가는지 계곡물에 띄우고 놀아볼까요?

소제목 나무껍질로 배를 만들어 볼까요?

활동목표 나무껍질로 배를 만들어 물에 띄운다.

준비물 및 관련자료 나무껍질, 나뭇잎, 가는 나뭇가지

활동방법

① 나뭇잎에 크게 바느질을 하듯이 나뭇가지를 끼운다.

② 나무껍질에 구멍 난 부분을 찾는다.

③ 나뭇잎으로 만든 돛을 구멍에 끼운다.

확장활동 및 유의점

- 커다란 대야에 물을 받고 만든 배를 띄운다.
- 종이로 사람을 만들어 내가 만든 배에 태운다.

활동사진 순서

1. 나뭇잎에 나뭇가지 끼우기

2. 나무껍질에 구멍 난 부분 찾기

3. 나뭇잎으로 만든 돛을 구멍에 끼우기

4. 완성

완성 사진 및 확장 활동

계곡에 떠가는 배

계곡이 없는 숲에서 놀 때

입으로 불어 보낼까?

내 배가 1등이다

낙엽 연 만들기

입춘은 봄이 오니 많은 것을 볼 준비를 하라고 하네요.
봄이 오는 길목이지만 숲은 건조해 낙엽들은 바스락거립니다.
손바닥만 한 나뭇잎 하나 마끈에 묶고 반대편에 나뭇가지를 묶으면 연이 되지요.
연을 들고 뛰어다니며 놀다 보면 어느덧 연으로 낚시놀이를 하고 있네요.
낙엽 여러 장을 모아 묶고 아이들 눈높이로 나무에 묶어주면 샌드백이 되고요.
발 높이에 묶어주면 제기가 되네요.
낙엽을 무더기로 쌓아 올려 뜀틀 놀이도 재밌어요.

소제목 낙엽 연을 날려 볼까요?

활동목표 낙엽으로 연을 만들어 날려 본다.

준비물 및 관련자료 낙엽, 네임펜, 가위, 마끈, 나뭇가지

활동방법
① 낙엽을 색칠해서 꾸민다.
② 꾸민 낙엽을 마끈으로 묶는다.
③ 반대편에는 팔길이 정도의 나뭇가지를 묶는다.

확장활동 및 유의점

- 낙엽에 매직으로 긁적여본다.

- 가는 나뭇가지를 가지고 바느질을 해본다.
- 나뭇잎을 눌러 이름표를 만든다.

활동사진 순서

1. 낙엽 꾸미기

2. 꾸민 낙엽을 마끈으로 묶기

3. 반대편 나뭇가지 묶기

4. 완성

완성 사진 및 확장 활동

연날리기 준비

나는야~ 권투선수 샌드백 놀이

나뭇잎 편지 써서 날리기

제기차기 놀이

꿈꾸는 씨앗 응원하기

언 땅을 녹이는 우수에는 올해 내가 키울 씨앗을 심을 때에요.
올해의 목표를 정해서 내 인생의 때는 언제인지를 알고 때에 맞게 살아보아요.
아이들도 올해의 목표를 정하고 실제로 씨앗을 심고 키워 보기로 했어요.
씨앗은 심는다고 무조건 싹이 나지 않아요.
자신의 때가 왔을 때, 가장 행복하게 자랄 곳에서 싹이 나는 것이지요.
우리 아이들도 그렇지요~
아이들의 재능에 맞는 환경에서 해님인 부모님들의 넘치는 사랑을 받아야 행복하게 자랄 수 있어요~

소제목 꿈꾸는 씨앗을 응원해요

활동목표 찰흙과 숲속 흙으로 씨앗 볼을 만들어 보고 씨앗을 응원해 준다.

준비물 및 관련자료 찰흙, 숲속 흙, 씨앗, 매직, 페트병, 편지지

활동방법 ① 찰흙과 숲속 흙을 섞어서 씨앗을 넣고 둥글게 빚는다.

② 씨앗에게 잘 지내라고 편지를 쓴다.

③ 페트병에 넣고 땅에 묻는다.

④ 씨앗이 싹이 잘 틀 수 있는 곳에 씨앗 볼을 놓고 표시를 하고 꾸며준다.

확장활동 및 유의점

– 교사가 나뭇가지로 모양을 만든 후 친구들이 모양 안에 씨앗 (예: 은행)을 모아본다.

– 땅에 묻기 전에 자신이 만든 씨앗 볼과 친구들이 만든 것을 함께 전시해 본다.(감상의 시간)

활동사진 순서

1. 씨앗 볼 만들기

2. 씨앗에게 편지쓰기

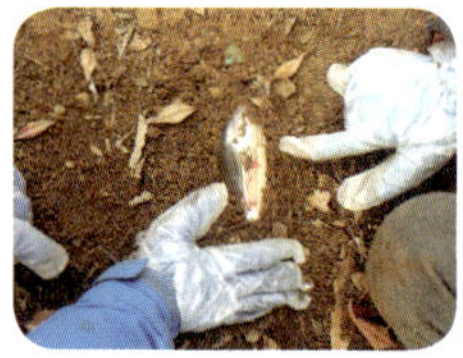
3. 페트병에 넣고 땅에 묻기

4. 씨앗 볼을 넣고 자리 표시하기

완성 사진 및 확장 활동

씨앗이 꿈꾸는 방을 표시하기

씨앗이 꿈꾸는 방 꾸미기

우리만의 아지트

우리 반 이름을 써서 표시하기

Y자 나무를 찾아라

숲 활동을 하는 이유 중의 하나는 숲에게서 지혜를 배우기 위해서이지요.

나무의 Y자 가지는 아주 큰 배려에요.

나뭇가지들이 옆 가지의 햇볕을 막지 않고 햇볕을 고루 나누려는 전략이니까요.

우리는 새를 잡는 새총이 아니라 바닥에 떨어진 Y자 가지를 찾아서 새들의 모이를 주는 새총을 만들고, C자에 가까운 모양의 나뭇가지를 찾아서 활을 만들어 놀아 보아요.

소제목 Y자 나무를 찾아라

활동목표 Y자 나무를 가지고 새 모이를 주는 새총을 만든다.

준비물 및 관련자료 Y자 나무, 탄력 고무줄, 감자 칼, 미니 톱, 유성 매직

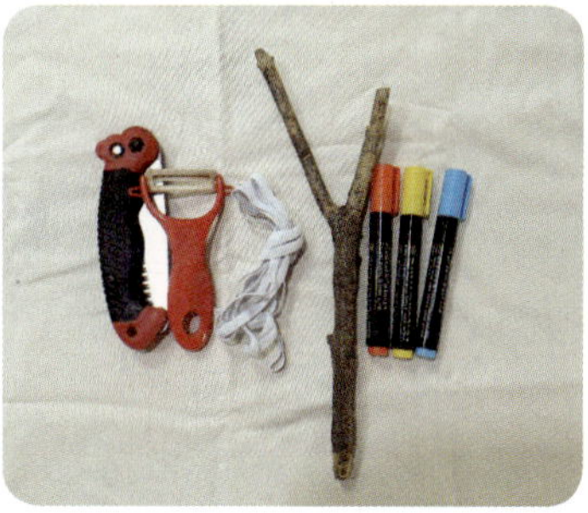

활동방법

① Y자 나무를 찾는다.

② Y자 한쪽에 고무줄을 묶는다.

③ 반대쪽도 두 번 묶는다.

④ 유성 매직으로 꾸며본다.

확장활동 및 유의점

- 산책하며 Y자 나무를 찾아본다.

- 두 나무를 이용해 커다란 새총을 만든다.(완성 사진 참조)
- C자 모양의 나무를 찾아 활을 만든다.(완성 사진 참조)

활동사진 순서

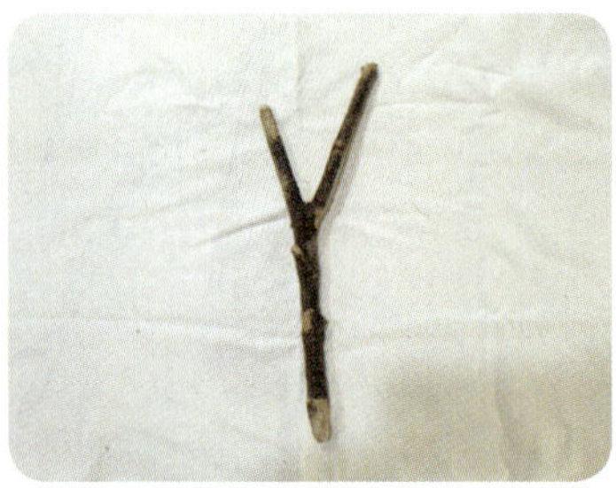

1. Y자 나무 찾기

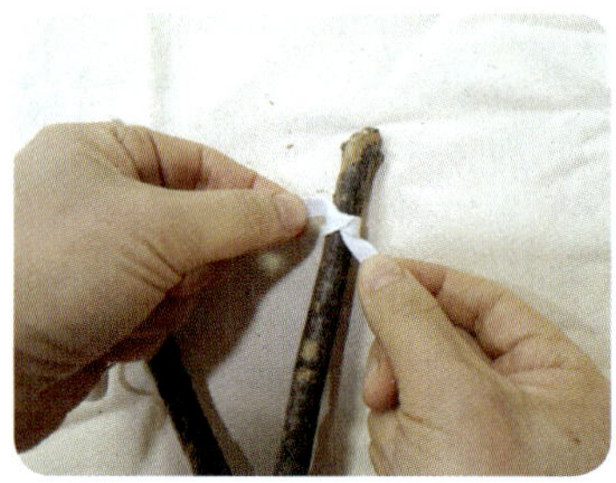

2. Y자 한쪽에 고무줄 묶기

3. 반대쪽에도 고무줄 묶기

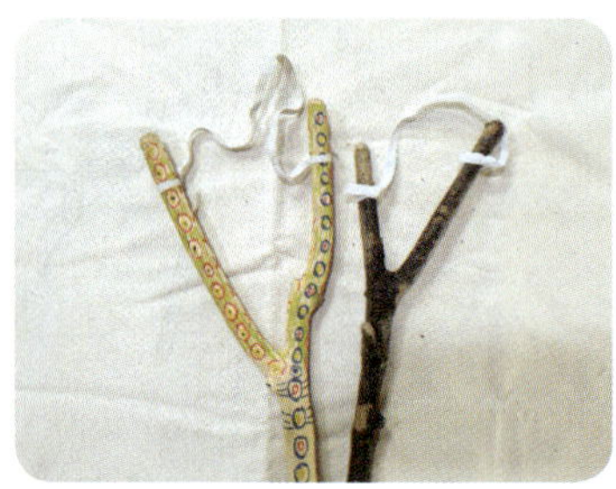

4. 유성 매직으로 꾸며보기

완성 사진 및 확장 활동

나는야 새총 대왕

C자 나무로 활쏘기

두 나무에 긴 고무줄을 묶어 활쏘기

활쏘기 대회

부록

2014년 3월부터 2017년 4월까지

인천녹색연합 소식지에 연재한 작품을 재구성하였습니다.

부록의 작품들은 제때에 꽃을 피우고 열매를 키우고 맛있게 익혀 열매를 나누어준

대견한 숲 친구들이 보물처럼 보였지요.

약간의 다른 관점으로 보니 등나무 열매 꼬투리는 도롱뇽으로 보이고

수세미는 곰돌이로 보였지요.

또 다른 숲속 친구들을 만나볼까요?

하마터면 끝날 뻔했다.
하마터면 바로 **땅**속으로 돌아갈 뻔했다.

첫 번째 **일**을 마친 우리들은
두 번째 **삶**을 시작하였다.

우리가 **곰, 닭, 새**가 될 줄은
아무도 몰랐을 거야!
다시 한번 시작하는 것은 **새로움**일 거야~
(최은율 어린이의 이야기)

오동통한 두 손이 다가와

오물조물 빚어주네요.

톡톡 붙여 주네요. **콕! 콕! 콕!!**

두 **눈**이 생겼어요.

다리도 생겼고요.

나는 새로운 **눈**으로 **세상**을 바라보아요.

나를 만들어준 **두 손**은

나를 번쩍 들어올려

내 **귀**에 속삭여주어요.

"안녕? 내 친구야!"

어제 나는 떨어져 내린 마른 나뭇잎

오늘부터 나는 밤을 지키는 부엉부엉 부엉새

어제 나는 콩알을 떠나보낸 콩깍지

오늘부터 나는 사사삭 낙엽 아래 도롱뇽~

어제는 세 개의 콩알

오늘부터 우리는 개미 삼 형제~

뱅그르르 떨어져 내린 나무의 아기들은

잠자리~

박유순 - 분홍여우

부경대학교 산업디자인과 (시각디자인 전공)
현, 서울신학대학교 일반대학원 (석사과정) 유아교육과 재학 중
숲 해설가, 유아 숲 지도사
사)인천녹색연합 이사, 생태미술 전문강사
저서, 영유아미술교육 (2022, 양성원, 공저)
재료와 기법 중심의 영유아 미술교육 (2018, 정민사, 공저)
유아숲교육-이론과 실제- (2022, 정민사, 공저)

김나현 - 펭귄

덕성여자대학교 교육대학원 (유아교육 전공)
현, 국공립 하임누리어린이집 원장
국가인권위원회 인권강사 (영유아분야)
전, 유치원 원장

오유미 - 병아리

가톨릭대학교 일반대학원 박사수료 (아동가족학 전공)
현, 사)산생태교육연구소 대표이사
유치원, 어린이집 교사연수, 부모교육 전문강사 (그림책과 숲놀이)
전, 유치원 원감
가톨릭대학교 아동학과 시간강사
부천대 유아교육과 겸임교수
송곡대학교 외래교수
저서, 그림책 들고 숲으로 가요 (2021, 정민사, 공저)

사계절 자연물로 놀이하는

숲속 미술놀이

1판 1쇄 발행 2020년 12월 30일
1판 2쇄 발행 2023년 1월 10일

저 자 박유순 김나현 오유미
발 행 인 회장 박철용
대표 박세원
발 행 처 정민사
주 소 경기도 파주시 직지길 522 파주출판도시
전 화 031-955-8030
팩 스 031-955-8025
홈페이지 http://www.jmpub.co.kr
이 메 일 yswgroup@naver.com
출판등록 1979년 1월 22일 No. 406-2004-000130호

ISBN 978-89-5809-880-5
정 가 22,000원